정확하고 충실하게, 쉽고 재미있게 읽기 · 쓰기 · 문장 연습

· 반 · 복

일본어 펜글씨

金寧泰
白濬基 _{엮고 씀}

도서
출판 학은미디어

|머리말|

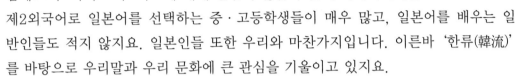

우리나라와 가장 가까운 곳에 위치한 일본(日本)은 정치·경제·
사회·문화적으로 우리와 떼려야 뗄 수 없는 관계에 있습니다.
'가깝고도 먼 나라'라는 말이 생겨날 만큼 우리에게 뼈아픈 역사
도 있고, 오늘날에도 독도(獨島) 문제로 껄끄러운 관계이지만, 그
럼에도 두 나라 모두 서로에 대해 관심이 많습니다. 우리나라에서는
제2외국어로 일본어를 선택하는 중·고등학생들이 매우 많고, 일본어를 배우는 일
반인들도 적지 않지요. 일본인들 또한 우리와 마찬가지입니다. 이른바 '한류(韓流)'
를 바탕으로 우리말과 우리 문화에 큰 관심을 기울이고 있지요.

일본어를 배우기 위해서는 우선 일본의 고유 문자인 히라가나와 가타카나를 제대로
충실히 익혀야 합니다. 처음부터 글자의 모양, 쓰는 순서, 발음 등을 정확히 익히지
않으면 본격적인 일본어 학습에 큰 지장이 생길 수 있습니다.

이 책은 일본어를 처음 배우고자 하는 사람들을 위해 히라가나·가타카나를 충실히
연습할 수 있도록 구성하였습니다. 모범 손글씨로 씌어진 글자를 필순에 따라 정확
히 쓰고, 올바른 발음법도 함께 익힙니다. 글자의 발음은 초보자도 쉽게 익힐 수 있
도록 원어민의 정통 발음에 최대한 가깝게 로마자와 한글로 표기하였습니다. 이어서
꼭 알아야 할 필수 낱말과 간단한 생활 회화 문장을 따라 쓰며 일본어의 기초를 탄탄
히 다집니다. 또한 봉투·엽서·연하장·이력서 쓰는 법을 싣고, 1都 1道 2府 43県
에 이르는 일본 행정 구역 이름과 최근에 생겨난 신조어도 수록하여, 오늘의 일본 문
화와 사회를 이해하는 데 도움이 되도록 하였습니다.

성실한 연습보다 나은 스승은 없습니다. 한 자 한 자 정성 들여 쓰기 연습을 거듭하
다 보면 바르고 아름다운 글씨체와 더불어 일본어 실력도 쑥쑥 자랄 것입니다.

엮은이

|차 례|

펜글씨의 기본(基本)

(1)바른 자세

글씨를 예쁘게 쓰고자 하는 마음과 함께 몸가짐을 바르게 해야 아름다운 글씨를 쓸 수 있다.

먼저, 몸은 책상에 스칠 정도로 다가앉아 가슴을 펴고 머리를 자연스럽게 숙여 눈에서부터 종이까지의 거리가 30~40㎝ 정도로 유지되도록 한다.

연습할 종이는 가슴 오른쪽에 놓고 펜을 쥔 손이 오른쪽 가슴 가운데가 되도록 하여야 쓰기 편하다. 이때 펜을 잡은 손끝에 너무 힘을 주지 않는 것이 좋다. 또한 왼손으로는 종이의 왼쪽 아랫부분을 누른다.

(정면) 상체를 꼿꼿이 세우고 머리를 조금 아래로 숙인다.

(2)아름다운 자세의 생활화

글씨를 쓰거나 사무를 볼 때에 그 사람의 자세만 보아도 솜씨나 근무 상태를 파악할 수 있다고 한다. 글씨를 쓰든 사무를 보든 자세부터 제대로 잡아야 한다. 딱딱하거나 잘못된 자세로 쓰는 글씨는 아무래도 무리가 따르게 마련이다. 처음부터 바르고 아름다운 자세를 취하는 습관을 들이도록 한다.

(측면) 어깨의 힘을 빼고 자유스럽고 편안한 자세를 취한다.

(3)펜을 잡는 요령

펜대는 아주 가볍게 잡는 것이 좋지만, 처음에는 저도 모르게 힘이 잔뜩 들어가기 쉬우므로 가능한 한 어깨에 힘을 빼고 경쾌하고 아름다운 선을 그릴 수 있도록 연습하는 것이 좋다.

서체(書體)에 따라 펜대를 잡는 곳이 조금씩 달라진다.

한자의 정자인 해서(楷書)를 쓸 때는 펜대 끝에서 0.5~1㎝ 가량 되게 잡으며, 행서(行書)나 초서(草書), 일본 かな 문자를 쓸 때는 위를 잡아서 쓰도록 한다. 펜대 위에 집게손가락을 얹고 종이의 면에 대하여 45°~60°로 잡는 것이 가장 쓰기에 편하다.

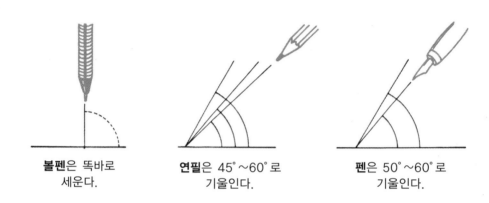

볼펜은 똑바로 세운다.   **연필**은 45°~60°로 기울인다.   **펜**은 50°~60°로 기울인다.

펜대를 눕힐수록 굵은 선이 된다. 이와 반대로 아주 가늘게 선을 긋거나 가는 글씨를 쓸 때에는 펜을 세워서 쓰게 되는데, 너무 지나치게 세우지 않도록 주의한다.

◆ 펜·싸인펜·볼펜 잡는 요령

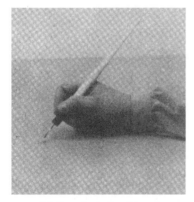      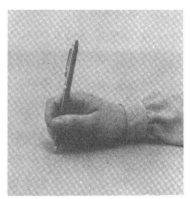

펜은 가볍게 잡는다   **싸인펜**을 잡는 요령   **볼펜**을 잡는 요령

일본어의 문자(文字)

1. ひらがな(平仮名:히라가나)

(1)かな의 종류

① 万葉がな(万葉仮名:만요가나)

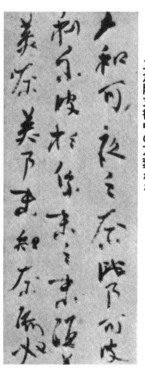

正倉院文書中の万葉がな

일본에는 예부터 고유한 문자가 없었다. 우리나라 백제의 왕인이 천자문을 비롯한 한문 서적을 전하면서부터 비로소 한자(漢字)를 배우고 쓰기 시작하였다. 하지만, 일본 사람들도 그들의 말을 나름의 방식으로 표기해야 할 필요성을 느끼게 되었다. 그리하여 한 글자에 한 가지 소리가 나는 한 자 한 음의 かな 문자를 고안하게 되었으며, 이것을 万葉がな(만요가나)라고 불렀다. 万葉がな는 하나의 소리를 적기 위해 몇 종류 또는 수십 종의 한자를 적용시켜야 했으므로 글자가 지나치게 많아져 쓰기에 불편했다.

万葉がな는 처음에는 주로 해서(楷書)와 행서(行書)로 쓰였으나 뒤에 가서는 초서(草書)로도 쓰이게 되었다.

② そうがな(草仮名:소가나)와 ひらがな

헤이안(平安) 시대가 되자 많은 이들이 万葉がな를 오로지 초서(草書)로만 쓰기 시작하였다. 이때부터 かな로서 사용되는 글자 수가 줄어들고 글자 모양이 단순해졌으며 선도 부드럽고 아름답게 변하였다. 이것을 そうがな(소가나)라고 하며, 오늘날에는 変体がな(헨타이가나)라고 부른다.

그 후 そうがな는 더 단순해지고 자원(字源)조차 알아볼 수 없을 정도로 아름답게 바뀌었다. 이것이 오늘날의 ひらがな(히라가나)로, 당시에는 주로 여성들이 많이 사용하여 女手(おんなて/온나테)라고 불렸다.

ひらがなは 1900년에 소학교 시행 규칙에 의해 정형화되었으며, 그중에서 「ゐ・ゑ」를 버리고 사용하게 되었다.

(2) ひらがなの 학습

① ひらがなの 쓰기

일반적으로 쓰기(書法, 書道, 書芸)에 경험이 없는 사람들은 흔히 접할 수 있는 신문·잡지·서적의 활자, 즉 명조체의 활자 모양을 쓰게 된다. 그런데 이 활자는 글자 모양을 네모꼴로 만들기 위하여 디자인된 것이므로 쓰는 글자로서의 아름다움이 결여되어 있다.
이 책에서는 손으로 직접 쓴 모범 글씨체를 따라 쓰도록 하여 ひらがなの 아름다움을 느낄 수 있도록 하였다.

② ひらがなの 선

펜글씨의 선은 붓글씨만큼 다채로울 수는 없지만 역시 아름다움을 외면할 수 없다. 필력(筆力)이나 필세(筆勢)는 쓰는 사람의 체력, 정신력 등에 의해 달리 나타나겠지만 연습을 거듭하면 깨끗하고 시원하면서 힘찬 선을 나타낼 수 있다.
이 책에서는 ひらがなの 기본선을 분류하여 배우기 쉽도록 구성하였다. 연습을 되풀이하면 힘차고 아름답고 부드러운 선을 나타낼 수 있을 것이다.

2. カタカナ(片仮名:가타카나)

(1)カタカナ의 생성

カタカナ(가타카나)는 万葉がな에서 쓰던 한자의 일부 획을 따서 만들어진 것이다. 그중에는 한자 자체를 변형시켰거나 한자의 초서에서 따서 만들어진 것도 있다.

처음에는 승려들이나 학자들이 불경(佛經)이나 한문 서적에 사용하였으나, 후에 사전이나 소설책에 많이 쓰이면서 일반인들도 사용하게 되었다.

생성 당시에는 비밀성이 강조되어 학자들마다 같은 소리를 표기하는 데 자원을 달리하기도 하고 점이나 획을 빼 버리는 등 통일이 되지 않아 몹시 복잡했다. 그러나 무로마치(室町) 시대 이후 점차 다른 모양의 글자들이 정리되었고, 에도(江戸) 시대 초기에 이르러서는 거의 오늘날의 カタカナ와 비슷한 모양으로 통일되었다.

カタカナ 역시 1900년에 소학교 시행 규칙에 의해 오늘날과 같은 모양으로 확정되었으며, 그중에서 「ヰ・ヱ」를 버리고 사용하게 되었다.

(2)カタカナ의 사용 방법

앞서 말했듯이 カタカナ는 처음에는 불경(佛經)이나 한문 서적에 사용되다가 점차 사전이나 소설책 등에 쓰이게 되었고, 무로마치 시대에는 일상적인 문자 생활에까지 사용되며 ひらがな와 병용되었다.

메이지(明治) 시대 이후 일본의 소학교에서도 ひらがな, カタカナ를 함께 가르쳤으나, 제2차 세계 대전 후 ひらがな가 주체가 되면서 カタカナ의 사용은 다음과 같은 특수한 경우로 한정되었다.

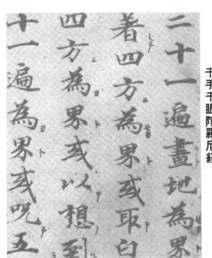

千手千眼陀羅尼経

★외래어나 외국의 지명·인명의 표기
テレビ　　ナイロン　　アメリカ　　エジソン

★의성어(擬声語)의 표기
ワンワン　　ガタガタ　　トントン

★발음 부호·ふりがな에 사용
book　　時計　　山田恵子

★술어(述語)임을 명백히 하고 싶은 경우
早メ点火　　サビ止メペイント

★동식물·병원·도구 등을 다른 것과 구별하기 쉽게 표기하고 싶은 경우
ネコ　　サクラ　　胃カイヨウ　　ナベカマ　　フラチなやつ

★전보문을 쓰는 경우
アスアサ七ジ ック

일본어 가로쓰기

(1)가로쓰기의 효용

일본에서는 예부터 한자와 かな가 뒤섞인 문장을 사용하였는데, 주로 왼쪽에서 오른쪽으로 줄을 바꾸어 가면서 쓰는 세로쓰기였다. 그런데 메이지 시대에 이르러 로마자, 아라비아 숫자, 수학·물리 공식, 화학 방정식 등이 사용되면서 영어·프랑스어·독일어 등 어학책과 과학책, 학생들의 노트 등에서 차츰 왼쪽 위에서 아래로 내려가면서 줄을 바꾸는 가로쓰기가 유행하게 되었다.
그러다가 제2차 세계 대전 후인 1949년부터는 공용 문서에서도 가로쓰기가 사용되기에 이르렀다.

(2)가로쓰기의 기본

① 글씨의 크기, 글씨 사이를 대충 다듬는다.

한자는 かな보다는 약간 크게 쓴다. 그러나 한자에도 かな에도 크게 쓰는 글씨, 작게 쓰는 글씨가 있으므로 그것을 잘 고려해서 전체가 조화를 이루도록 써야 한다.

② 글씨의 배열

아래위로 선이 있는 경우가 있고 선이 없는 경우가 있다. 선이 없을 때에는 선을 머릿속으로 떠올리며 써야 한다.

ㄱ. 각 글자의 배열 방법

선이 있는 경우에는

   ① 각 글자의 중심(中心)을 일직선으로 배열한다.

     이때 배열된 것이 그림 a이다.

   ② 각 글자의 상단을 일직선으로 배열한다.

     이때 배열된 것이 그림 b이다.

   ③ 각 글자의 하단을 일직선으로 배열한다.

     이때 배열된 것이 그림 c이다.

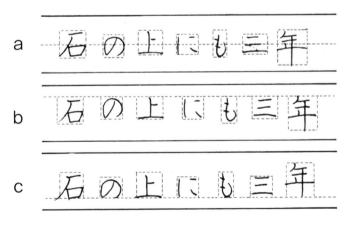

a의 요령으로 쓰는 것이 가장 짜임새가 있어 보이고 좋다. b, c의 경우는 좋지 않다.

ㄴ. 방향의 통일

a, b, c는 모두 통일된 배열이지만, 로마자나 숫자 등을 고려할 때 a나 b가
좋다.

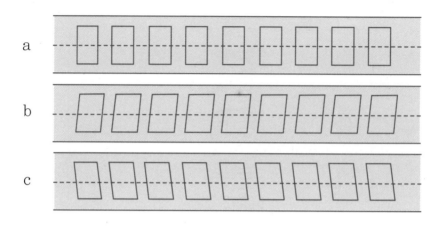

ㄷ. 중심선을 두는 곳

a나 b가 좋다. c는 보기 드물다. d는 부기 형식이지만, 아래로 길게 뻗는 글
씨인 경우에는 下線 밖으로 삐져나오면 보기에 흉하다.
이 교본에서는 a의 경우를 취했다.

a -   c -

b - - - - - - - - - - - - - - - - - -   d -

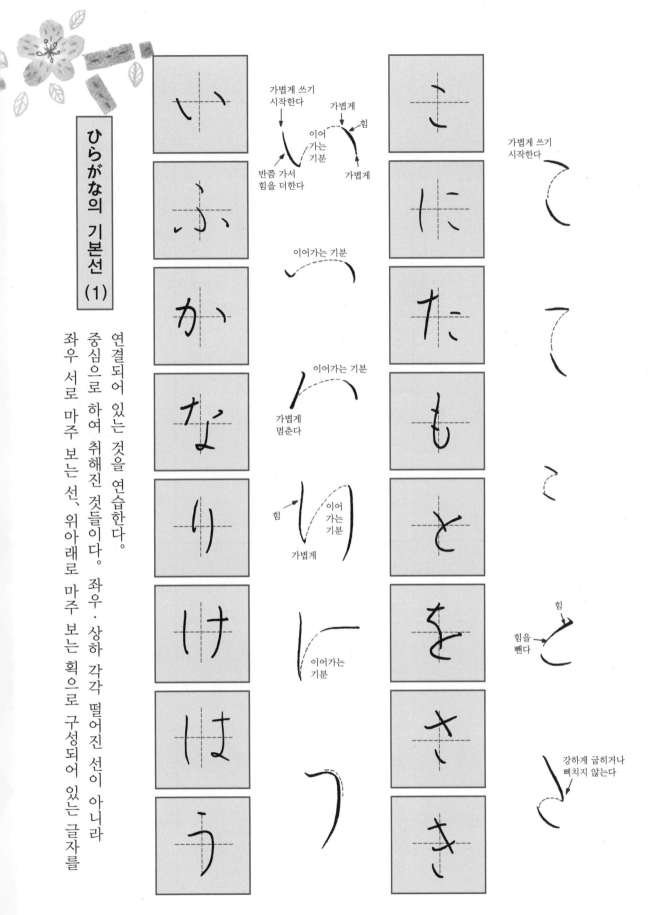

ひらがな의 기본선 (1)

연결되어 있는 것을 연습한다.

중심으로 하여 취해진 것들이다.

좌우 서로 마주 보는 선, 위아래로 마주 보는 획으로 구성되어 있는 글자를

좌우·상하 각각 떨어진 선이 아니라

가볍게 쓰기 시작한다
가볍게
힘
이어 가는 기분
반쯤 가서 힘을 더한다
가볍게

이어가는 기분

이어가는 기분
가볍게 멈춘다

힘
이어 가는 기분
가볍게

이어가는 기분

가볍게 쓰기 시작한다

힘
힘을 뺀다

강하게 굽히거나 삐치지 않는다

히라가나의 기본선 13

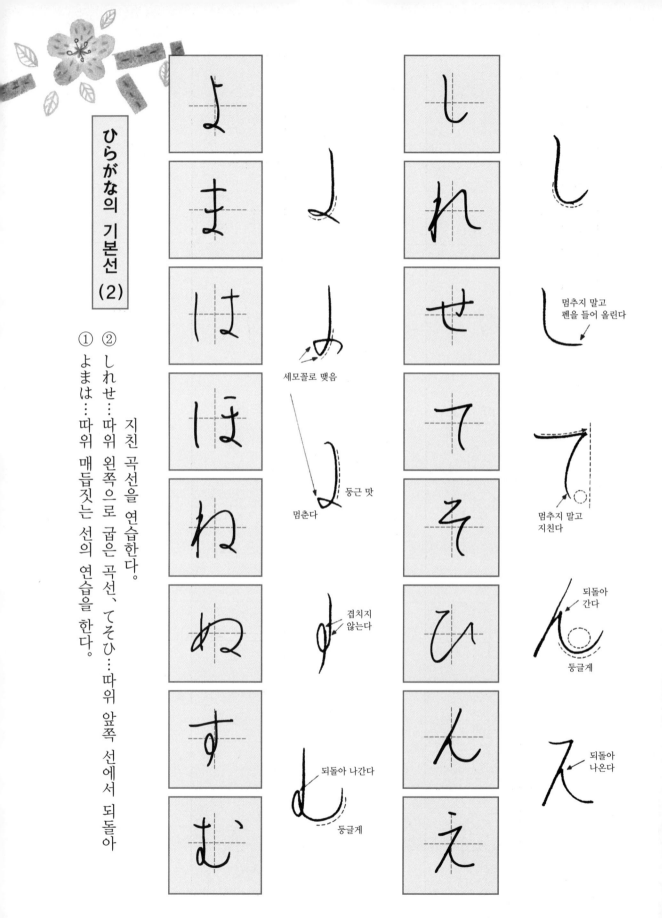

ひらがな의 기본선 (2)

지친 곡선을 연습한다.

② しれせ…따위 왼쪽으로 굽은 곡선、てそひ…따위 앞쪽 선에서 되돌아

① よまは…따위 매듭짓는 선의 연습을 한다.

세모꼴로 맺음

둥근 맛

멈춘다

겹치지 않는다

되돌아 나간다

둥글게

멈추지 말고 펜을 들어 올린다

멈추지 말고 지친다

되돌아 간다

둥글게

되돌아 나온다

ひらがなの 기본선 (3)

모양의 선을 연습한다.

② の ろ み … 따위 왼쪽 아래로 향하는 사선(斜線)에 크게 굽은 곡선이 그려진

① つや、 ゆわ、 ちら… 에 각각 공통된 오른쪽으로 굽은 곡선의 연습을 한다.

①→ ② あ 아 [a]	오른쪽으로 어깨가 올라가지 않아야 한다 あ 크게	あ	あ			
		あ	あ			
① い② 이 [i]	작게 い 누르지 않는다.	い	い			
		い	い			
①→② う 우 [u]	높다랗게 중앙에 친다 う	う	う			
		う	う			
① え② 에 [e]	높다랗게 중앙에 え	え	え			
		え	え			
① ② ③ お 오 [o]	점은 높게 치되 위치에 주의할 것 お	お	お			
		お	お			
① ② ③ か 카 [ka]	점의 높이와 사이에 주의 짧게 か 크게 하지 않는다	か	か			
		か	か			
① ③ き④ 키 [ki]	넓게 き 이어가는 짧게 힘을 기분 빼면서	き	き			
		き	き			

① く 쿠 [ku]	く 각도 주의 날카롭지 않다.	く	く				
		く	く				
① ② ③ け 케 [ke]	아래에서 이어가는 기분 a け b a b의 커브를 대응시킨다.	け	け				
		け	け				
① ② こ 코 [ko]	언제나 작게 가볍게 힘을 빼는 기분으로 こ	こ	こ				
		こ	こ				
① ② ③ さ 사 [sa]	さ 위치가 중요하다.	さ	さ				
		さ	さ				
① し 시 [shi]	너무 지나치게 길지 않게 し 둥글게	し	し				
		し	し				
① ② す 스 [su]	す 굽힌다	す	す				
		す	す				
① ② ③ せ 세 [se]	높다 낮다 짧다 길다 せ 짧게	せ	せ				
		せ	せ				

① **そ** 소 [so]	두점 좁게 모를 세운다. 여기가 가장 깊다. 가볍게 힘을 빼면서 들어 올리는 기분	そ	そ				
① ② ③ **た** ④ 타 [ta]	오른쪽으로 어깨가 올라간다. 가로로 비스듬히 아래로 가볍게 멈춘다.	た	た				
① ② **ち** 치 [chi]	왼쪽으로 조금 커브 수평 비슷하게	ち	ち				
① **つ** 츠 [tsu]	조금 커브 둥근 맛	つ	つ				
① **て** 테 [te]	가장 깊은 휘어짐 가볍게	て	て				
① **と** ② 토 [to]	작게 멈추지 말고 가볍게 들어 올리듯	と	と				
① ② ③ **な** ④ 나 [na]	조금 낮게 짧게 가볍게 중앙 가까이	な	な				

に 니 [ni]	① ② ③ 이어가는 기분 넓게 눌리지 않음	に	に			
ぬ 누 [nu]	① ② 둥글게 커브	ぬ	ぬ			
ね 네 [ne]	② ① a b의 좌우 커브 對向 a b	ね	ね			
の 노 [no]	① 곡선식으로 길게	の	の			
は 하 [ha]	① ② ③ 이어가는 기분으로 좌우 커브가 마주 보게	は	は			
ひ 히 [hi]	① 커브 낮게 세운다 직선적 멈춘다	ひ	ひ			
ふ 후 [fu]	① ② ④ ③ 세모꼴로 아래를 가지런히 맞춤	ふ	ふ			

① へ 헤 [he]	へ 둥근 맛 눌리지 않음	へ	へ				
②→ ①↓ ③ ④ ほ 호 [ho]	이어가는 기분 / 넓게 ほ 눌리지 않음 / 짧게	ほ	ほ				
①→ ② ま 마 [ma]	ま 넓게 둥근 맛	ま	ま				
① ② み 미 [mi]	み 수평 둥근 맛 / 병행되도록	み	み				
① ② ③ む 무 [mu]	む 점을 높게 휘둘러 맺는 것 주의	む	む				
① ② め 메 [me]	오른쪽 어깨가 올라가지 않음 / 언제나 작게 쓴다. め	め	め				
② ① ③→ も 모 [mo]	쓰러지듯이 쓰지 않음 も	も	も				

① → ② ③ **や** 야 [ya]	조금 기울게 / 커브에 주의	や	や					
		や	や					
① ② **ゆ** 유 [yu]	a b의 좌우 커브를 맞보게 / a b / 크게 / 길지 않게	ゆ	ゆ					
		ゆ	ゆ					
② ① **よ** 요 [yo]	수평으로 / 오른쪽으로 배가 나온다. / 커브	よ	よ					
		よ	よ					
① ② **ら** 라 [ra]	커브 / 수평으로	ら	ら					
		ら	ら					
① ② **り** 리 [ri]	좌우가 마주 보게	り	り					
		り	り					
① **る** 루 [ru]	좌우가 비슷하게 / 끝매듭이 중앙에	ろ	ろ					
		ろ	ろ					
① ② **れ** 레 [re]	아래에서 이어가는 부분 / 좌우가 마주 보게(八字형) / 떨어져도 좋음 / 짧게	れ	れ					
		れ	れ					

ろ **로 [ro]**	어깨가 올라 가지 않음 / 좌우가 균등하게	ろ	ろ	ろ	
		ろ	ろ		
わ **와 [wa]**	크게 위로 휘어 오르지 않게 / 아래에서 이어가는 기분	わ	わ		
		わ	わ		
い **이 [i]**	작게 / 누르지 않는다.	い	い		
		い	い		
う **우 [u]**	높다랗게 중앙에 친다	う	う	う	
		う	う		
え **에 [e]**	높다랗게 중앙에	え	え		
		え	え		
を **오 [(w)o]**	위로 강하게 커브를 그리지 않음 / 크게 / 가볍게 짧게	を	を	を	
		を	を		
ん **응[m/n/ŋ/N]**	모를 낸다. / 둥글게	ん	ん	ん	
		ん	ん		

が	か	が	が			
가 [ga]		が	が			
ぎ	ぎ	ぎ	ぎ			
기 [gi]		ぎ	ぎ			
ぐ	ぐ	ぐ	ぐ			
구 [gu]		ぐ	ぐ			
げ	げ	げ	げ			
게 [ge]		げ	げ			
ご	ご	ご	ご			
고 [go]		ご	ご			
ざ	ざ	ざ	ざ			
자 [za]		ざ	ざ			
じ	じ	じ	じ			
지 [zi]		じ	じ			

★손글씨 쓰기는 16~17쪽 참조

ず 즈 [zu]	ず	ず	ず
ぜ 제 [ze]	ぜ	ぜ	ぜ
ぞ 조 [zo]	ぞ	ぞ	ぞ
だ 다 [da]	だ	だ	だ
ぢ 지 [zi]	ぢ	ぢ	ぢ
づ 즈 [zu]	づ	づ	づ
で 데 [de]	で	で	で

★손글씨 쓰기는 17~18쪽 참조

ど 도 [do]	ど	ど ど ど ど	
ば 바 [ba]	ば	ば ば ば ば	
び 비 [bi]	び	び び び び	
ぶ 부 [bu]	ぶ	ぶ ぶ ぶ ぶ	
べ 베 [be]	べ	べ べ べ べ	
ぼ 보 [bo]	ぼ	ぼ ぼ ぼ ぼ	
ぱ 파 [pa]	ぱ	ぱ ぱ ぱ ぱ	

★손글씨 쓰기는 18~19쪽 참조

①ぴ② 피 [pi]	ぴ	ぴ	ぴ		
		ぴ	ぴ		
①②⑤③④ぷ 푸 [pu]	ぷ	ぷ	ぷ		
		ぷ	ぷ		
①ぺ② 페 [pe]	ぺ	ぺ	ぺ		
		ぺ			
①②④⑤③ぽ 포 [po]	ぽ	ぽ	ぽ		
		ぽ	ぽ		

★손글씨 쓰기는 19~20쪽 참조

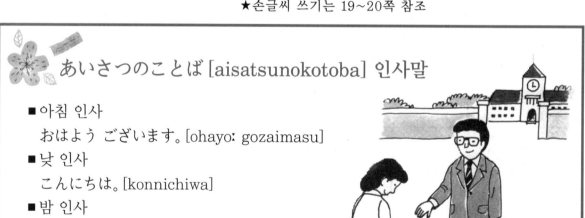

あいさつのことば [aisatsunokotoba] 인사말

- 아침 인사
  おはよう ございます。[ohayo: gozaimasu]
- 낮 인사
  こんにちは。[konnichiwa]
- 밤 인사
  こんばんは。[kombaNwa]
- 잘 때의 인사
  おやすみなさい。[oyasuminasai]
- 헤어질 때의 인사
  さようなら。[sayo:nara]

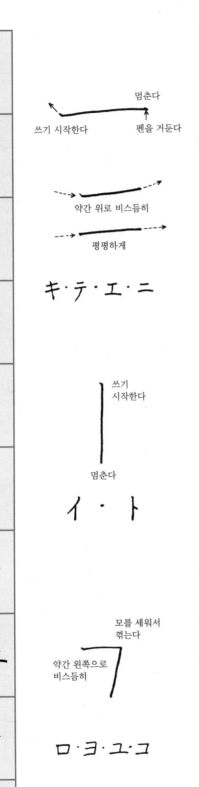

カタカナ의 점획(点画)과 자형(字形)

二
工
テ
キ
ト
イ
ヨ
ユ
ヨ
ロ

멈춘다
쓰기 시작한다
펜을 거둔다

약간 위로 비스듬히

평평하게

キ・テ・エ・二

쓰기
시작한다

멈춘다

イ・ト

모를 세워서
꺾는다

약간 왼쪽으로
비스듬히

ロ・ヨ・ユ・コ

イ
メ
ソ
ツ
ヲ
テ
ナ
チ
リ
サ

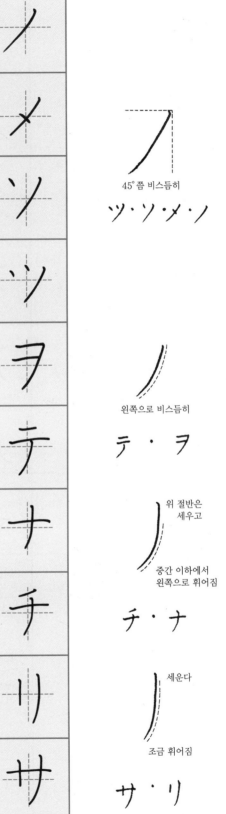

45° 쯤 비스듬히

ツ・ソ・メ・ノ

왼쪽으로 비스듬히

テ・ヲ

위 절반은
세우고

중간 이하에서
왼쪽으로 휘어짐

チ・ナ

세운다

조금 휘어짐

サ・リ

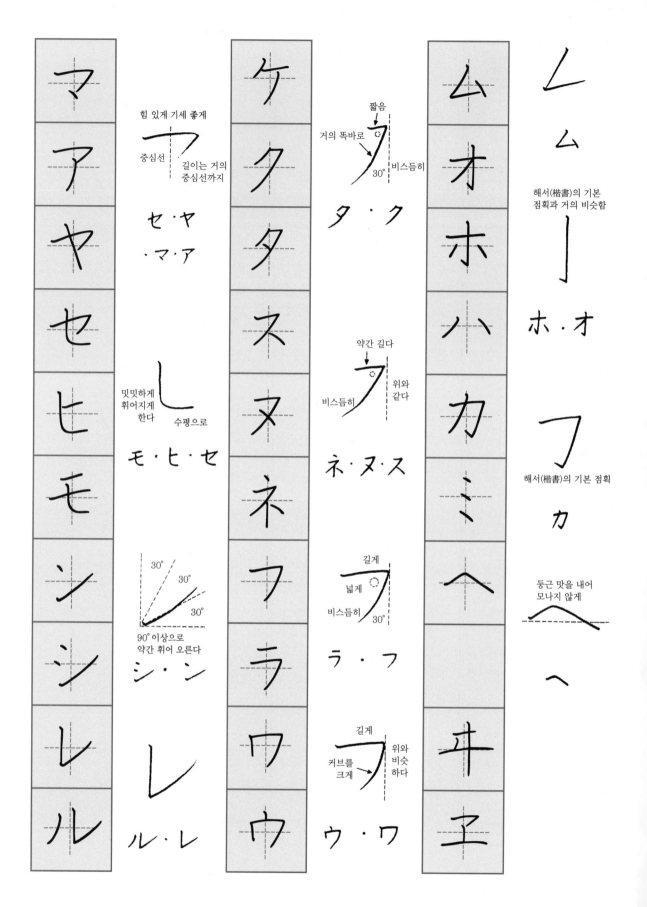

힘 있게 기세 좋게

중심선

길이는 거의
중심선까지

セ・ヤ
・マ・ア

밋밋하게
휘어지게
한다　수평으로

モ・ヒ・セ

30°
30°
30°

90° 이상으로
약간 휘어 오른다

シ・ン

レ・レ

ル・レ

짧음

거의 똑바로

30° 비스듬히

タ・ク

약간 길다

비스듬히 위와
같다

ネ・ヌ・ス

길게

넓게

비스듬히 30°

ラ・フ

길게

커브를
크게

위와
비슷
하다

ウ・ワ

ム

해서(楷書)의 기본
점획과 거의 비슷함

ホ・オ

해서(楷書)의 기본 점획

カ

둥근 맛을 내어
모나지 않게

へ

ア ① → ② ↓ **아 [a]**	マ와 같음 ア 중심에 주의	ア	ア				
イ ① ②↓ **이 [i]**	イ 거의 중앙 가까이	イ	イ				
ウ ② ① ③ **우 [u]**	약간 길게 ウ	ウ	ウ				
エ ①→ ②↓ ③→ **에 [e]**	エ	エ	エ				
オ ①→ ② ③↓ **오 [o]**	オ 중심선보다 약간 오른쪽	オ	オ				
カ ① ② **카 [ka]**	カ 방향에 주의	カ	カ				
キ ①→ ③ ②→ **키 [ki]**	위로 치켜 오른다. キ 거의 직각으로 교차한다.	キ	キ				

ク 쿠 [ku]	접촉 부위에 주의 끝이 벌어진다.	ク	ク ク			
ケ 케 [ke]	방향에 주의	ケ	ケ ケ			
コ 코 [ko]	약간 비스듬히	コ	コ コ			
サ 사 [sa]	오른쪽이 약간 높다. 왼쪽으로 휘어지게	サ	サ サ			
シ 시 [shi]	3은 1의 바로 밑에서	シ	シ シ			
ス 스 [su]	약간 오른쪽으로 어깨가 올라간다.	ス	ス ス			
セ 세 [se]	약간 오른쪽으로 올라간다. 가로로	セ	セ セ			

ソ ①② 소 [so]	높이에 주의 ソ	ソ	ソ			
		ソ	ソ			
タ ①② ③ 타 [ta]	タ	タ	タ			
		タ	タ			
チ ① ② ③ 치 [chi]	비껴지침 チ 중심보다 약간 오른 쪽으로	チ	チ			
		チ	チ			
ツ ①② ③ 츠 [tsu]	조금 높게 ツ	ツ	ツ			
		ツ	ツ			
テ ① ② ③ 테 [te]	テ 중심보다 약간 오른 쪽으로	テ	テ			
		テ	テ			
ト ① ② 토 [to]	중앙보다 약간 위로 올라간 곳에서 ト	ト	ト			
		ト	ト			
ナ ① ② 나 [na]	ナ 중심보다 약간 오른 쪽으로	ナ	ナ			
		ナ	ナ			

ニ 니 [ni]	길이의 관계에 주의 二	二	二			
ヌ 누 [nu]	약간 어깨가 올라간다. 길이 알맞게. 너무 길어도 안 된다. ヌ	ヌ	ヌ			
ネ 네 [ne]	오른쪽으로 어깨가 올라간다. 균형에 주의 ネ	ネ	ネ			
ノ 노 [no]	거의 90° 각도 ノ	ノ	ノ			
ハ 하 [ha]	위가 서로 좁게 아래가 벌어진다. ハ	ハ	ハ			
ヒ 히 [hi]	약간 오른쪽으로 어깨가 올라감. 위의 것 보다는 길게 ヒ	ヒ	ヒ			
フ 후 [fu]	길이에 주의 フ	フ	フ			

へ ① 헤 [he]	모나지 않게 각도에 주의 너무 아래로 처지지 않게	へ　へ へ　へ	
ホ ① ② ③ ④ 호 [ho]		ホ　ホ ホ　ホ	
マ ① ② 마 [ma]	2등변 세모꼴	マ　マ マ　マ	
ミ ① ② ③ 미 [mi]	아래로 내려갈 수록 크게 등간선 (等間線)	ミ　ミ ミ　ミ	
ム ① ② 무 [mu]	세모꼴로 더 내려가지 않게	ム　ム ム　ム	
メ ② ① 메 [me]	알맞은 길이로	メ　メ メ　メ	
モ ① ② ③ 모 [mo]	약간 오른쪽으로 어깨가 올라가면서 길다. 등간선 1 (等間線) 2 3 1과 3의 길이를 가지런히	モ　モ モ　モ	

ヤ 야 [ya]	약간 오른쪽 어깨쪽으로 올라간다. 거의 직각으로 교차한다.	ヤ ヤ
ユ 유 [yu]	ユ	ユ ユ
ヨ 요 [yo]	세로로 길게 비스듬히 ヨ	ヨ ヨ
ラ 라 [ra]	ラ	ラ ラ
リ 리 [ri]	오른쪽이 약간 높음 リ 휘어짐	リ リ
ル 루 [ru]	2는 1보다 약간 높게 1 2 ㄴ와 같게 ル	ル ル
レ 레 [re]	レ 60°쯤 약간 커브	レ レ

① ② ロ ③ 로 [ro]	조금 안쪽으로 　조금 안쪽으로 ロ 아래로 빼져 나온다. 오른쪽으로 빼져나온다.	ロ	ロ				
① ② ワ 와 [wa]	ワ 길이에 주의	ワ	ワ				
① ② イ 이 [i]	イ 거의 중앙 가까이	イ	イ				
② ① ③ ウ 우 [u]	약간 길게 ウ	ウ	ウ				
① ③ ② エ 에 [e]	エ	エ	エ				
① ② ③ ヲ 오 [(w)o]	ヲ 조금 위로 어깨가 올라가게	ヲ	ヲ				
① ② ン 응[m/n/ŋ/N]	ン 위 점의 바로 밑부분에서 쓰기 시작	ン	ン				

ガ	ガ	ガ	ガ			
가 [ga]		ガ	ガ			
ギ	ギ	ギ	ギ			
기 [gi]		ギ	ギ			
グ	グ	グ	グ			
구 [gu]		グ	グ			
ゲ	ゲ	ゲ	ゲ			
게 [ge]		ゲ	ゲ			
ゴ	ゴ	ゴ	ゴ			
고 [go]		ゴ	ゴ			
ザ	ザ	ザ	ザ			
자 [za]		ザ	ザ			
ジ	ジ	ジ	ジ			
지 [zi]		ジ	ジ			

★손글씨 쓰기는 29~30쪽 참조

ズ 즈 [zu]	ズ	ズ	ズ
		ズ	ズ
ゼ 제 [ze]	ゼ	ゼ	ゼ
		ゼ	ゼ
ゾ 조 [zo]	ゾ	ゾ	ゾ
		ゾ	ゾ
ダ 다 [da]	ダ	ダ	ダ
		ダ	ダ
ヂ 지 [zi]	ヂ	ヂ	ヂ
		ヂ	ヂ
ヅ 즈 [zu]	ヅ	ヅ	ヅ
		ヅ	ヅ
デ 데 [de]	デ	デ	デ
		デ	デ

★손글씨 쓰기는 30~31쪽 참조

① ③④ **ド** ② 도 [do]	ド	ド	ド			
③④ ① **バ** ② 바 [ba]	バ	バ	バ			
② **ビ** ③④ ① 비 [bi]	ビ	ビ	ビ			
① ③④ **ブ** 부 [bu]	ブ	ブ	ブ			
② ③ ① **ベ** 베 [be]	ベ	ベ	ベ			
② ⑤⑥ ① **ボ** ③ ④ 보 [bo]	ボ	ボ	ボ			
① **パ** ② ③ 파 [pa]	パ	パ	パ			

★손글씨 쓰기는 31~32쪽 참조

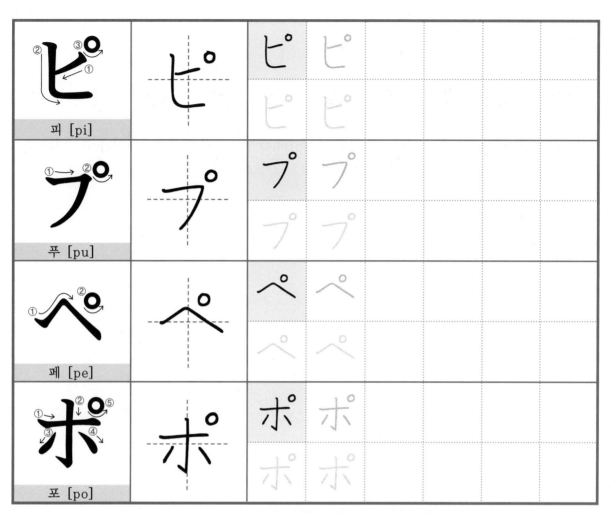

★손글씨 쓰기는 32~33쪽 참조

ひらがなの字源(字源)

カタカナの字源(字源)

きゃ	きゅ	きょ	しゃ	しゅ	しょ	ちゃ	ちゅ	ちょ	にゃ
[kya] 캬	[kyu] 큐	[kyo] 쿄	[sha] 샤	[shu] 슈	[sho] 쇼	[cha] 챠	[chu] 츄	[cho] 쵸	[nya] 냐
きゃ	きゅ	きょ	しゃ	しゅ	しょ	ちゃ	ちゅ	ちょ	にゃ
きゃ	きゅ	きょ	しゃ	しゅ	しょ	ちゃ	ちゅ	ちょ	にゃ
きゃ	きゅ	きょ	しゃ	しゅ	しょ	ちゃ	ちゅ	ちょ	にゃ

に ゅ	に ょ	ひ や	ひ ゅ	ひ ょ	み や	み ょ	り や	り ゅ	り ょ
[nyu] 뉴	[nyo] 뇨	[hya] 햐	[hyu] 휴	[hyo] 효	[mya] 먀	[myo] 묘	[rya] 랴	[ryu] 류	[ryo] 료

※요음 가운데는 みゅ, ぴゅ, ミョ, ビャ…등 잘 쓰이지 않는 것들이 있습니다.
이 책에서는 그중 일부를 생략했음을 밝힙니다.

ぎゃ	ぎゅ	ぎょ	じゃ	じゅ	じょ	ぢゃ	ぢゅ	ぢょ	びゃ
[gya] 갸	[gyu] 규	[gyo] 교	[ja] 쟈	[ju] 쥬	[jo] 죠	[ja] 쟈	[ju] 쥬	[jo] 죠	[bya] 뱌

びゅ	びょ	ぴゃ	ぴゅ	ぴょ	キャ	キュ	キョ	シャ	シュ
[byu] 뷰	[byo] 뵤	[pya] 퍄	[pyu] 퓨	[pyo] 표	[kya] 캬	[kyu] 큐	[kyo] 쿄	[sha] 샤	[shu] 슈
びゅ	びょ	ぴゃ	ぴゅ	ぴょ	キャ	キュ	キョ	シャ	シュ
びゅ	びょ	ぴゃ	ぴゅ	ぴょ	キャ	キュ	キョ	シャ	シュ
びゅ	びょ	ぴゃ	ぴゅ	ぴょ	キャ	キュ	キョ	シャ	シュ

シ ョ	チ ャ	チ ュ	チ ョ	ニ ャ	ニ ュ	ニ ョ	ヒ ャ	ヒ ュ	ヒ ョ
[sho] 쇼	[cha] 챠	[chu] 츄	[cho] 쵸	[nya] 냐	[nyu] 뉴	[nyo] 뇨	[hya] 햐	[hyu] 휴	[hyo] 효

ミャ	ミュ	リャ	リュ	リョ	ギャ	ギュ	ギョ	ジャ	ジュ
[mya] 먀	[myu] 뮤	[rya] 랴	[ryu] 류	[ryo] 료	[gya] 갸	[gyu] 규	[gyo] 교	[ja] 쟈	[ju] 쥬
ミャ	ミュ	リャ	リュ	リョ	ギャ	ギュ	ギョ	ジャ	ジュ
ミャ	ミュ	リャ	リュ	リョ	ギャ	ギュ	ギョ	ジャ	ジュ
ミャ	ミュ	リャ	リュ	リョ	ギャ	ギュ	ギョ	ジャ	ジュ

ジョ	ヂャ	ヂュ	ヂョ	ビャ	ビュ	ビョ	ピャ	ピュ	ピョ
[jo] 죠	[ja] 쟈	[ju] 쥬	[jo] 죠	[bya] 뱌	[byu] 뷰	[byo] 뵤	[pya] 퍄	[pyu] 퓨	[pyo] 표
ジョ	ヂャ	ヂュ	ヂョ	ビャ	ビュ	ビョ	ピャ	ピュ	ピョ
ジョ	ヂャ	ヂュ	ヂョ	ビャ	ビュ	ビョ	ピャ	ピュ	ピョ
ジョ	ヂャ	ヂュ	ヂョ	ビャ	ビュ	ビョ	ピャ	ピュ	ピョ

다리 [ashi] 	あ し あ し			
집 [ie] 	い え い え			
소 [ushi] 	う し う し			
얼굴 [kao] 	か お か お			
입 [kuchi] 	く ち く ち			
소금 [shio] 	し お し お			
쌀 [kome] 	こ め こ め			

다리 leg / 집 house / 소 cattle / 얼굴 face /
입 mouth / 소금 salt / 쌀 rice

다람쥐 [risu]	り す り す			
구름 [kumo]	く も く も			
강 [kawa]	か わ か わ			
장미 [bara]	ば ら ば ら			
돼지 [buta]	ぶ た ぶ た			
손가락 [yubi]	ゆ び ゆ び			
팔 [ude]	う で う で			

다람쥐 squirrel / 구름 cloud / 강 river / 장미 rose /
돼지 pig / 손가락 finger / 팔 arm

매미 [semi]	せみ せみ			
하늘 [sora]	そら そら			
달 [tsuki]	つき つき			
호랑이 [tora]	とら とら			
개 [inu]	いぬ いぬ			
고양이 [neko]	ねこ ねこ			
꽃 [hana]	はな はな			

매미 cicada / 하늘 sky / 달 moon / 호랑이 tiger /
개 dog / 고양이 cat / 꽃 flower

배 [fune]	ふね			
	ふね			
별 [hoshi]	ほし			
	ほし			
귀 [mimi]	みみ			
	みみ			
복숭아 [momo]	もも			
	もも			
눈 [yuki]	ゆき			
	ゆき			
바람 [kaze]	かぜ			
	かぜ			
수염 [hige]	ひげ			
	ひげ			

배 ship / 별 star / 귀 ear / 복숭아 peach /
눈 snow / 바람 wind / 수염 mustache

낙타 [rakuda] 	らくだ らくだ		
남자 [otoko] 	おとこ おとこ		
연기 [kemuri] 	けむり けむり		
물고기 [sakana] 	さかな さかな		
거울 [kagami] 	かがみ かがみ		
달걀 [tamago] 	たまご たまご		
피아노 [piano] 	ピアノ ピアノ		

낙타 camel / 남자 man / 연기 smoke / 물고기 fish /
거울 mirror / 달걀 egg / 피아노 piano

우체통 [posuto]	ポスト		
	ポスト		
커피 [ko:hi:]	コーヒー		
	コーヒー		
여자 [onna]	おんな		
	おんな		
서점 [hoNya]	ほんや		
	ほんや		
악기 [gakki]	がっき		
	がっき		
우표 [kitte]	きって		
	きって		
차표 [kippu]	きっぷ		
	きっぷ		

우체통 postbox / 커피 coffee / 여자 woman / 서점 bookstore /
악기 instrument / 우표 stamp / 차표 ticket

잡지 [zasshi]	ざっし		
	ざっし		
안경 [megane]	めがね		
	めがね		
사과 [ringo]	りんご		
	りんご		
컵 [koppu]	コップ		
	コップ		
기타 [gita:]	ギター		
	ギター		
라디오 [razio]	ラジオ		
	ラジオ		
카메라 [kamera]	カメラ		
	カメラ		

잡지 magazine / 안경 glasses / 사과 apple / 컵 cup /
기타 guitar / 라디오 radio / 카메라 camera

전화 [deNwa]	でんわ でんわ		
토끼 [usagi]	うさぎ うさぎ		
시계 [toke:]	とけい とけい		
금붕어 [kiŋgyo]	きんぎょ きんぎょ		
세탁 [sentaku]	せんたく せんたく		
소포 [kozutsumi]	こづつみ こづつみ		
프로펠러 [puropera]	プロペラ プロペラ		

전화 telephone / 토끼 rabbit / 시계 clock/ 금붕어 goldfish /
세탁 wash / 소포 package / 프로펠러 propeller

おとこ	おんな	たばこ	てがみ
[otoko] 男 남자	[onna] 女 여자	[tabako] 煙草 담배	[tegami] 手紙 편지
おとこ	おんな	たばこ	てがみ
おとこ	おんな	たばこ	てがみ

さいふ	すずめ	ぼうし	ひつじ
[saifu] 財布 지갑	[suzume] 雀 참새	[bo:shi] 帽子 모자	[hitsuzi] 羊 양
さいふ	すずめ	ぼうし	ひつじ
さいふ	すずめ	ぼうし	ひつじ

むくげ	つくえ	あたま	さくら
[mukuge] 무궁화	[tsukue] 机 책상	[atama] 頭 머리	[sakura] 桜 벚꽃
むくげ	つくえ	あたま	さくら
むくげ	つくえ	あたま	さくら

남자 man / 여자 woman / 담배 cigarette / 편지 letter
지갑 purse / 참새 sparrow / 모자 hat / 양 sheep /
무궁화 rose of Sharon / 책상 desk / 머리 head / 벚꽃 cherry blossoms

ゆびわ	きって	ざっし	こっき
[yubiwa] 指輪 반지	[kitte] 切手 우표	[zasshi] 雑誌 잡지	[kokki] 国旗 국기
ゆびわ	きって	ざっし	こっき
ゆびわ	きって	ざっし	こっき

しんし	でんき	でんわ	けんか
[shinshi] 紳士 신사	[deŋki] 電気 전기	[deNwa] 電話 전화	[keŋka] 싸움
しんし	でんき	でんわ	けんか
しんし	でんき	でんわ	けんか

とんぼ	せんむ	えほん	かばん
[tombo] 잠자리	[semmu] 専務 전무	[ehoN] 絵本 그림책	[kabaN] 鞄 가방
とんぼ	せんむ	えほん	かばん
とんぼ	せんむ	えほん	かばん

반지 ring / 우표 stamp / 잡지 magazine / 국기 national flag /
신사 gentleman / 전기 electricity / 전화 telephone / 싸움 fight /
잠자리 dragonfly / 전무 executive director / 그림책 picture book / 가방 bag

ビール	リボン	マッチ	コップ
[bi:ru] 맥주	[riboN] 리본	[matchi] 성냥	[koppu] 컵
ビール	リボン	マッチ	コップ
ビール	リボン	マッチ	コップ

ラーメン	コンマ	ノート	ボート
[ra:meN] 라면	[komma] 콤마(반점)	[no:to] 공책	[bo:to] 보트
ラーメン	コンマ	ノート	ボート
ラーメン	コンマ	ノート	ボート

おとうと	いもうと	せんせい	がくせい
[oto:to] 弟 남동생	[imo:to] 妹 여동생	[sense:] 先生 선생님	[gakuse:] 学生 학생
おとうと	いもうと	せんせい	がくせい
おとうと	いもうと	せんせい	がくせい

맥주 beer / 리본 ribbon / 성냥 match / 컵 cup /
라면 instant noodles / 콤마(반점) comma / 공책 notebook / 보트 boat /
남동생 younger brother / 여동생 younger sister / 선생님 teacher / 학생 student

しゃしん	おきゃく	しゅじん	がっこう
[shashiN] 写真 사진	[okyaku] 손님	[shuziN] 主人 주인	[gakko:] 学校 학교
しゃしん	おきゃく	しゅじん	がっこう
しゃしん	おきゃく	しゅじん	がっこう
ロボット	ベッド	アンテナ	ネックレス
[robotto] 로봇	[beddo] 침대	[antena] 안테나	[nekkuresu] 목걸이
ロボット	ベッド	アンテナ	ネックレス
ロボット	ベッド	アンテナ	ネックレス
オートバイ	グライダー	ランニング	エンジニア
[o:tobai] 오토바이	[guraida:] 글라이더	[ranniŋgu] 달리기	[enzinia] 엔지니어
オートバイ	グライダー	ランニング	エンジニア
オートバイ	グライダー	ランニング	エンジニア

사진 picture / 손님 guest / 주인 owner / 학교 school /
로봇 robot / 침대 bed / 안테나 antenna / 목걸이 necklace /
오토바이 motorcycle / 글라이더 glider / 달리기 running / 엔지니어 engineer

おとうさん	おかあさん	おじいさん
[oto:saN] 아버지	[oka:saN] 어머니	[ozi:saN] 할아버지
おとうさん	おかあさん	おじいさん
おとうさん	おかあさん	おじいさん

おばあさん	おにいさん	おねえさん
[oba:saN] 할머니	[oni:saN] 형/오빠	[one:saN] 누나/언니
おばあさん	おにいさん	おねえさん
おばあさん	おにいさん	おねえさん

しょくどう	せんしゅう	まんねんひつ
[shokudo:] 食堂 식당	[senshu:] 先週 지난주	[manneNhitsu] 万年筆 만년필
しょくどう	せんしゅう	まんねんひつ
しょくどう	せんしゅう	まんねんひつ

아버지 father / 어머니 mother / 할아버지 grandfather /
할머니 grandmother / 형·오빠 elder brother / 누나·언니 elder sister /
식당 restaurant / 지난주 last week / 만년필 fountain pen

かいしゃいん	はりねずみ	ゆうびんきょく
[kaishaiN] 会社員 회사원	[harinezumi] 針鼠 고슴도치	[yu:biŋkyoku] 郵便局 우체국
かいしゃいん	はりねずみ	ゆうびんきょく
かいしゃいん	はりねずみ	ゆうびんきょく

ちゅうがくせい	ぎゅうにゅう	ぎょうれつ
[chu:gakuse:] 中学生 중학생	[gyu:nyu:] 牛乳 우유	[gyo:retsu] 行列 행렬
ちゅうがくせい	ぎゅうにゅう	ぎょうれつ
ちゅうがくせい	ぎゅうにゅう	ぎょうれつ

ハンドバッグ	エスカレーター	ビッグニュース
[handobaggu] 핸드백	[esukare:ta:] 에스컬레이터	[biggunyu:su] 빅뉴스
ハンドバッグ	エスカレーター	ビッグニュース
ハンドバッグ	エスカレーター	ビッグニュース

회사원 employee / 고슴도치 hedgehog / 우체국 post office /
중학생 middle school student / 우유 milk / 행렬 parade /
핸드백 handbag / 에스컬레이터 escalator / 빅뉴스 big news

おととい	きのう	きょう	あした
[ototoi] 一昨日 그제	[kino:] 昨日 어제	[kyo:] 今日 오늘	[ashita] 明日 내일
おととい	きのう	きょう	あした
おととい	きのう	きょう	あした

あさって	せんげつ	こんげつ	らいげつ
[asatte] 明後日 모레	[seŋgetsu] 先月 지난달	[koŋgetsu] 今月 이번 달	[raigetsu] 来月 다음 달
あさって	せんげつ	こんげつ	らいげつ
あさって	せんげつ	こんげつ	らいげつ

おととし	きょねん	ことし	らいねん
[ototoshi] 一昨年 재작년	[kyoneN] 去年 작년	[kotoshi] 今年 올해	[raineN] 来年 내년
おととし	きょねん	ことし	らいねん
おととし	きょねん	ことし	らいねん

그제 the day before yesterday / 어제 yesterday / 오늘 today / 내일 tomorrow
모레 the day after tomorrow / 지난달 last month / 이번 달 this month / 다음 달 next month
재작년 the year before last / 작년 last year / 올해 this year / 내년 next year

ひがし	にし	みなみ	きた
[higashi] 東 동	[nishi] 西 서	[minami] 南 남	[kita] 北 북
ひがし	にし	みなみ	きた
ひがし	にし	みなみ	きた

すもう	じゅうどう	すいえい	やきゅう
[sumo:] 相撲 스모	[ju:do:] 柔道 유도	[suie:] 水泳 수영	[yakyu:] 野球 야구
すもう	じゅうどう	すいえい	やきゅう
すもう	じゅうどう	すいえい	やきゅう

サッカー	テニス	ゴルフ	マラソン
[sakka:] 축구	[tenisu] 테니스	[gorufu] 골프	[marasoN] 마라톤
サッカー	テニス	ゴルフ	マラソン
サッカー	テニス	ゴルフ	マラソン

동 east / 서 west / 남 south / 북 north /
스모 sumo / 유도 judo / 수영 swimming / 야구 baseball /
축구 soccer / 테니스 tennis / 골프 golf / 마라톤 marathon

かんこく	にほん	ちゅうごく	インド
[kaŋkoku] 韓国 한국	[nihoN] 日本 일본	[chuːgoku] 中国 중국	[indo] 인도
かんこく	にほん	ちゅうごく	インド
かんこく	にほん	ちゅうごく	インド

エジプト	イギリス	フランス	イタリア
[eziputo] 이집트	[igirisu] 영국	[furansu] 프랑스	[itaria] 이탈리아
エジプト	イギリス	フランス	イタリア
エジプト	イギリス	フランス	イタリア

オランダ	ドイツ	スイス	ロシア
[oranda] 네덜란드	[doitsu] 독일	[suisu] 스위스	[roshia] 러시아
オランダ	ドイツ	スイス	ロシア
オランダ	ドイツ	スイス	ロシア

한국 Korea / 일본 Japan / 중국 China / 인도 India /
이집트 Egypt / 영국 England / 프랑스 France / 이탈리아 Italy
네덜란드 Netherlands / 독일 Germany / 스위스 Switzerland / 러시아 Russia

ギリシャ	デンマーク	スウェーデン
[girisha] 그리스	[demma:ku] 덴마크	[suwe:deN] 스웨덴
ギリシャ	デンマーク	スウェーデン
ギリシャ	デンマーク	スウェーデン

アメリカ	メキシコ	カナダ
[amerika] 미국	[mekishiko] 멕시코	[kanada] 캐나다
アメリカ	メキシコ	カナダ
アメリカ	メキシコ	カナダ

ブラジル	アルゼンチン	オーストラリア
[buraziru] 브라질	[aruzenchiN] 아르헨티나	[o:sutoraria] 오스트레일리아
ブラジル	アルゼンチン	オーストラリア
ブラジル	アルゼンチン	オーストラリア

그리스 Greece / 덴마크 Denmark / 스웨덴 Sweden /
미국 America / 멕시코 Mexico / 캐나다 Canada /
브라질 Brazil / 아르헨티나 Argentina / 오스트레일리아 Australia

ようちえん	しょうがっこう	ちゅうがっこう
[yo:chieN] 幼稚園 유치원	[sho:gakko:] 小学校 초등학교	[chu:gakko:] 中学校 중학교
ようちえん	しょうがっこう	ちゅうがっこう
ようちえん	しょうがっこう	ちゅうがっこう
こうこう	だいがく	だいがくいん
[ko:ko:] 高校 고등학교	[daigaku] 大学 대학	[daigakuiN] 大学院 대학원
こうこう	だいがく	だいがくいん
こうこう	だいがく	だいがくいん
イケてる	スタンバる	うざばば
[iketeru] 멋지다	[sutambaru] 준비되다	[uzababa] 시끄러운 아줌마
イケてる	スタンバる	うざばば
イケてる	スタンバる	うざばば

유치원 kindergarten / 초등학교 elementary school / 중학교 middle school /
고등학교 high school / 대학교 university / 대학원 graduate school /

こくる	むしる	マジ	じもる
[kokuru] 고백하다	[mushiru] 무시하다	[mazi] 정말	[zimoru] 동네에서 놀다
こくる	むしる	マジ	じもる
こくる	むしる	マジ	じもる

サボる	キモい	ナビる	ハラヘリ
[saboru] 게으름 피우다	[kimoi] 기분이 나쁘다	[nabiru] 길안내하다	[haraheri] 배고픈 상태
サボる	キモい	ナビる	ハラヘリ
サボる	キモい	ナビる	ハラヘリ

コンビニ	パソコン	ケータイ	ファミレス
[kombini] 편의점	[pasokoN] PC(개인용 컴퓨터)	[ke:tai] 휴대 전화	[famiresu] 패밀리 레스토랑
コンビニ	パソコン	ケータイ	ファミレス
コンビニ	パソコン	ケータイ	ファミレス

*우리나라와 마찬가지로 일본에서도 젊은이들을 중심으로 수많은 신조어들이 만들어지고 있다.
이 책에 실린 것들은 비교적 대중화된 신조어들이다. 65쪽 하단~66쪽

これは　何^{なん}ですか。 ーそれは　本^{ほん}です。

[korewa nandesuka?]　이것은 무엇입니까?　　　　　　-[sorewa hondesu.]　그것은 책입니다.

これは　　何ですか。　ーそれは　　本です。

これは　　何ですか。　ーそれは　　本です。

それは　　　　何^{なん}ですか。　　　　ーこれは

[sorewa nandesuka?]　그것은 무엇입니까?　　　　　　　　-[korewa]　이것은

それは　　　　何ですか。　　ーこれは

それは　　　　何ですか。　　ーこれは

ボールペンです。　あれは　何^{なん}ですか。

[bo:rupendesu.]　볼펜입니다.　　　　　[arewa nandesuka?]　저것은 무엇입니까?

ボールペンです。　あれは　何ですか。

ボールペンです。　あれは　何ですか。

−あれは 窓(まど)です。 これは 机(つくえ)ですか。

−[arewa madodesu.] 저것은 창문입니다.　　　[korewa tsukuedesuka?] 이것은 책상입니까?

−あれは 窓です。 これは 机ですか。

−あれは 窓です。 これは 机ですか。

−はい、 それは 机(つくえ)です。 これも

−[hai, sorewa tsukuedesu.] 네, 그것은 책상입니다.　　　[koremo] 이것도

−はい、 それは 机です。 これも

−はい、 それは 机です。 これも

机(つくえ)ですか。 −はい、 それも 机(つくえ)です。

[tsukuedesuka?] 책상입니까?　　　−[hai, soremo tsukuedesu.] 네, 그것도 책상입니다.

机ですか。 −はい、 それも 机です。

机ですか。 −はい、 それも 机です。

あれも　机<ruby>机<rt>つくえ</rt></ruby>ですか。 －いいえ，　あれは

[aremo tsukuedesuka?]　저것도 책상입니까?　　　　　　　　　－[iːe, arewa]　아니오, 저것은

あれも　机ですか。 －いいえ，　あれは

あれも　机ですか。 －いいえ，　あれは

机<ruby>机<rt>つくえ</rt></ruby>では　　ありません。　　いすです。

[tsukuedewa arimaseN.]　책상이 아닙니다.　　　　　　　　　　　[isudesu.]　의자입니다.

机では　　ありません。　　いすです。

机では　　ありません。　　いすです。

黒板<ruby>黒板<rt>こくばん</rt></ruby>は　　どれですか。　　－黒板<ruby>黒板<rt>こくばん</rt></ruby>は

[kokubaNwa doredesuka?]　칠판은 어느 것입니까?　　　　　　　　－[kokubaNwa]　칠판은

黒板は　　どれですか。　　－黒板は

黒板は　　どれですか。　　－黒板は

あれです。　あなたは　李さんですか。

[aredesu.]　저것입니다.　　　[anatawa i:sandesuka?]　당신은 이 양입니까?

あれです。　あなたは　李さんですか。

あれです。　あなたは　李さんですか。

－はい，　わたしは　李です。　あなたは

－[hai, watashiwa i:desu.]　네, 나는 이입니다.　　　[anatawa]　당신은

－はい，　わたしは　李です。　あなたは

－はい，　わたしは　李です。　あなたは

高校生ですか。　　－はい，　わたしは

[ko:ko:se:desuka?]　고등학생입니까?　　　－[hai, watashiwa]　네, 나는

高校生ですか。　　－はい，　わたしは

高校生ですか。　　－はい，　わたしは

高校生です。　金さんも　高校生ですか。

[koːkoːseːdesu.]　고등학생입니다.　[kimusammo koːkoːseːdesuka?]　김 양도 고등학생입니까?

高校生です。　金さんも　高校生ですか。

高校生です。　金さんも　高校生ですか。

－いいえ，　金さんは　高校生では

－[iːe, kimusaNwa koːkoːseːdewa]　아니오, 김 양은 고등학생이

－いいえ，　金さんは　高校生では

－いいえ，　金さんは　高校生では

ありません。　大学生です。　あなたは

[arimaseN.]　아닙니다.　[daigakuseːdesu.]　대학생입니다.　[anatawa]　당신은

ありません。　大学生です。　あなたは

ありません。　大学生です。　あなたは

どなたですか。 －わたしは 朴(パク)です。

[donatadesuka?] 누구입니까? －[watashiwa pakudesu.] 나는 박입니다.

どなたですか。 －わたしは 朴です。

どなたですか。 －わたしは 朴です。

あなたは 山田(やまだ)さんですか。－わたしは

[anatawa yamadasandesuka?] 당신은 야마다 씨입니까? －[watashiwa] 나는

あなたは 山田さんですか。－わたしは

あなたは 山田さんですか。－わたしは

山田(やまだ)です。 山田(やまだ)さんは 日本人(にほんじん)ですか。

[yamadadesu.] 야마다입니다. [yamadasaNwa nihonzindesuka?] 야마다 씨는 일본 사람입니까?

山田です。 山田さんは 日本人ですか。

山田です。 山田さんは 日本人ですか。

-はい,　　そうです。　　朴さんも

-[hai, so:desu.]　ネ, 그렇습니다.　　　　　　　[pakusaNmo]　박 씨도

-はい,　　そうです。　　朴さんも

-はい,　　そうです。　　朴さんも

日本人ですか。　　-いいえ,　そうでは

[nihonzindesuka?]　일본 사람입니까?　　　-[i:e, so:dewa]　아니오, 그렇지

日本人ですか。　　-いいえ,　そうでは

日本人ですか。　　-いいえ,　そうでは

ありません。　朴さんは　　韓国人です。

[arimaseN.]　않습니다.　　　　[pakusaNwa kaŋkokuzindesu.]　박 씨는 한국 사람입니다.

ありません。　朴さんは　　韓国人です。

ありません。　朴さんは　　韓国人です。

これは　　あなたの　　かばんですか。

[korewa anatano kabandesuka?]　이것은 당신의 가방입니까?

これは　　あなたの　　かばんですか。

これは　　あなたの　　かばんですか。

－はい，　それは　わたしの　かばんです。

－[hai, sorewa watashino kabandesu.]　네, 그것은 내 가방입니다.

－はい，　それは　わたしの　かばんです。

－はい，　それは　わたしの　かばんです。

それは　金さんの　かさですか。　－はい，

キム

[sorewa kimusanno kasadesuka?]　그것은 김 씨의 우산입니까?　　　－[hai,]　네,

それは　金さんの　かさですか。　－はい，

それは　金さんの　かさですか。　－はい，

これは　金さんの　かさです。あれは

[korewa kimusanno kasadesu.]　이것은 김 씨의 우산입니다.　　　　　　[arewa]　저것은

これは　金さんの　かさです。あれは

これは　金さんの　かさです。あれは

だれの　　　帽子ですか。　　　－あれは

[dareno bo:shidesuka?]　누구 모자입니까?　　　　　　　　－[arewa]　저것은

だれの　　　帽子ですか。　　　－あれは

だれの　　　帽子ですか。　　　－あれは

田中さんの　帽子です。この　万年筆は

[tanakasanno bo:shidesu.]　다나카 씨의 모자입니다.　　　[kono manneNhitsuwa]　이 만년필은

田中さんの　帽子です。この　万年筆は

田中さんの　帽子です。この　万年筆は

だれのですか。　　−その　　　万年筆は

[darenodesuka?]　누구 것입니까?　　　　　　　　　−[sono manneNhitsuwa]　그 만년필은

だれのですか。　　−その　　　万年筆は

だれのですか。　　−その　　　万年筆は

山田さんのです。　　　あの　　　鉛筆も

[yamadasannodesu.]　야마다 씨 것입니다.　　　　　　[ano empitsumo]　저 연필도

山田さんのです。　　　あの　　　鉛筆も

山田さんのです。　　　あの　　　鉛筆も

山田さんのですか。　　−いいえ，　あの

[yamadasannodesuka?]　야마다 씨 것입니까?　　　　−[iːe, ano]　아니오, 저

山田さんのですか。　　−いいえ，　あの

山田さんのですか。　　−いいえ，　あの

鉛筆は　山田さんのでは　ありません。

[empitsuwa yamadasannodewa arimaseN.]　연필은 야마다 씨 것이 아닙니다.

鉛筆は　山田さんのでは　ありません。

鉛筆は　山田さんのでは　ありません。

田中さんのです。　この　セーターと

[tanakasannodesu.]　다나카 씨 것입니다.　[kono se:ta:to]　이 스웨터와

田中さんのです。　この　セーターと

田中さんのです。　この　セーターと

あの　洋服は　だれのですか。　-その

[ano yo:fukuwa darenodesuka?]　저 양복은 누구 것입니까?　-[sono]　ユ

あの　洋服は　だれのですか。　-その

あの　洋服は　だれのですか。　-その

セーターは　　　山田さんので，　　　あの

[se:ta:wa yamadasannode, ano]　　스웨터는 야마다 씨 것이고, 저

セーターは　　　山田さんので，　　　あの

セーターは　　　山田さんので，　　　あの

洋服は　　　田中さんのです。　　そこに

[yo:fukuwa tanakasannodesu.]　　양복은 다나카 씨 것입니다.　　[sokoni]　거기에

洋服は　　　田中さんのです。　　そこに

洋服は　　　田中さんのです。　　そこに

何が　ありますか。　－ここに　時計が

[naniga arimasuka?]　무엇이 있습니까?　　－[kokoni toke:ga]　여기에 시계가

何が　ありますか。　－ここに　時計が

何が　ありますか。　－ここに　時計が

あります。あそこに 何<ruby>なに</ruby>が ありますか。

[arimasu.] 있습니다.　　　[asokoni naniga arimasuka?] 저기에 무엇이 있습니까?

あります。あそこに 何が ありますか。

あります。あそこに 何が ありますか。

−あそこに　テレビや　ラジオなどが

−[asokoni terebiya razionadoga] 저기에 텔레비전이랑 라디오 등이

−あそこに　テレビや　ラジオなどが

−あそこに　テレビや　ラジオなどが

あります。　電話<ruby>でんわ</ruby>も　ありますか。

[arimasu.] 있습니다.　　　[deNwamo arimasuka?] 전화도 있습니까?

あります。　電話も　ありますか。

あります。　電話も　ありますか。

ーはい、　電話_{でんわ}も　あります。　本箱_{ほんばこ}も

-[hai, deNwamo arimasu.]　　네, 전화도 있습니다.　　　　　　　　　　[hombakomo]　책장도

ーはい、　電話も　あります。　本箱も

ーはい、　電話も　あります。　本箱も

ありますか。　　ーいいえ、　　本箱_{ほんばこ}は

[arimasuka?]　있습니까?　　　　　　　-[iːe, hombakowa]　아니오, 책장은

ありますか。　　ーいいえ、　　本箱は

ありますか。　　ーいいえ、　　本箱は

ありません。本箱_{ほんばこ}は どこに ありますか。

[arimaseN.]　없습니다.　　　[hombakowa dokoni arimasuka?]　책장은 어디에 있습니까?

ありません。本箱は どこに ありますか。

ありません。本箱は どこに ありますか。

－わたしの　部屋（へや）に　あります。　机（つくえ）の

－[watashino heyani arimasu.]　내 방에 있습니다.　　　　　　　　[tsukueno]　책상

－わたしの　部屋に　あります。　机の

－わたしの　部屋に　あります。　机の

上（うえ）に　　何（なに）が　　ありますか。　　－机（つくえ）の

[ueni naniga arimasuka?]　위에 무엇이 있습니까?　　　　　　　　－[tsukueno]　책상

上に　　何が　　ありますか。　　－机の

上に　　何が　　ありますか。　　－机の

上（うえ）に　教科書（きょうかしょ）や　辞書（じしょ）や　ノートなどが

[ueni kyo:kashoya zishoya no:tonadoga]　위에 교과서랑 사전이랑 공책 등이

上に　教科書や　辞書や　ノートなどが

上に　教科書や　辞書や　ノートなどが

あります。　　机の　　下にも　　何か

[arimasu.]　있습니다.　　　　　　[tsukueno shitanimo nanika]　책상 밑에도 무언가

あります。　　机の　　下にも　　何か

あります。　　机の　　下にも　　何か

ありますか。　-いいえ,　机の　下には

[arimasuka?]　있습니까?　　　　-[i:e, tsukueno shitaniwa]　아니오, 책상 밑에는

ありますか。　-いいえ,　机の　下には

ありますか。　-いいえ,　机の　下には

何も　ありません。　応接間に　いま

[nanimo arimaseN.]　아무것도 없습니다.　　　[o:setsumani ima]　응접실에 지금

何も　ありません。　応接間に　いま

何も　ありません。　応接間に　いま

だれが　いますか。　−金君や　李君が

キム くん　イー くん

[darega imasuka?]　누가 있습니까?　−[kimukuNya i:kuŋga]　김 군이랑 이 군이

だれが　いますか。　−金君や　李君が

だれが　いますか。　−金君や　李君が

います。　呉さんも　　　いますか。

オー

[imasu.]　있습니다.　[o:sammo imasuka?]　오 양도 있습니까?

います。　呉さんも　　　いますか。

います。　呉さんも　　　いますか。

−いいえ，　呉さんは　　いません。

オー

[i:e, o:saNwa imaseN.]　아니오, 오 양은 없습니다.

−いいえ，　呉さんは　　いません。

−いいえ，　呉さんは　　いません。

呉さんは　　どこに　　いますか。

[o:saNwa dokoni imasuka?]　오 양은 어디에 있습니까?

呉さんは　　どこに　　いますか。

呉さんは　　どこに　　いますか。

－呉さんは　わたしの　部屋に　います。

－[o:saNwa watashino heyani imasu.]　오 양은 내 방에 있습니다.

－呉さんは　わたしの　部屋に　います。

－呉さんは　わたしの　部屋に　います。

二階に　だれか　いますか。　－いいえ,

[nikaini dareka imasuka?]　2층에 누군가 있습니까?　[i:e,]　아니오,

二階に　だれか　いますか。　－いいえ,

二階に　だれか　いますか。　－いいえ,

二階には　だれも　いません。　庭に

[nikainiwa daremo imaseN.]　2층에는 아무도 없습니다.　[niwani]　뜰에

二階には　だれも　いません。　庭に

二階には　だれも　いません。　庭に

子供たちが　おおぜい　います。　男の

[kodomotachiga o:ze: imasu.]　어린이들이 많이 있습니다.　[otokono]　남자-

子供たちが　おおぜい　います。　男の

子供たちが　おおぜい　います。　男の

子も　女の　子も　います。男の　子は

[komo onnano komo imasu.]　-아이도 여자아이도 있습니다.　[otokono kowa]　남자아이는

子も　女の　子も　います。男の　子は

子も　女の　子も　います。男の　子は

何人 いますか。 ー一人、 二人、

なんにん　　　　　　　　　　　　　　　　　　　ひとり　　　　　ふたり

[nanniN imasuka?]　몇 명 있습니까?　　　　　　　ー[hitori, futari,]　한 명, 두 명,

何人　いますか。　ー一人、　二人、

何人　いますか。　ー一人、　二人、

三人、 四人、 五人、 六人、 七人、

さん にん　　　よ にん　　　ご にん　　　ろく にん　　しち にん

[sanniN, yoniN, goniN, rokuniN, shichiniN,]　세 명, 네 명, 다섯 명, 여섯 명, 일곱 명,

三人、　四人、　五人、　六人、　七人、

三人、　四人、　五人、　六人、　七人、

八人、 九人、 十人 ー 十人 います。

はち にん　　きゅう にん　　じゅう にん　　　じゅう にん

[hachiniN, kyu:niN, ju:niN]　여덟 명, 아홉 명, 열 명　ー [ju:niN imasu.]　열 명 있습니다.

八人、　九人、　十人 ー 十人　います。

八人、　九人、　十人 ー 十人　います。

庭には 木が あります。 木の 上に

[niwaniwa kiga arimasu.] 뜰에는 나무가 있습니다. [kino ueni] 나무 위에

庭には 木が あります。 木の 上に

庭には 木が あります。 木の 上に

何が いますか。 －鳥が います。

[naniga imasuka?] 무엇이 있습니까? －[toriga imasu.] 새가 있습니다.

何が いますか。 －鳥が います。

何が いますか。 －鳥が います。

木の 下にも 何か いますか。

[kino shitanimo nanika imasuka?] 나무 밑에도 무언가 있습니까?

木の 下にも 何か いますか。

木の 下にも 何か いますか。

—いいえ、　　木の　　下^{した}には　　何^{なに}も

-[i:e, kino shitaniwa nanimo]　아니오, 나무 밑에는 아무것도

—いいえ、　　木の　　下には　　何も

—いいえ、　　木の　　下には　　何も

いません。　　テーブルの　　上^{うえ}に　　箱^{はこ}が

[imaseN.]　없습니다.　　　[te:buruno ueni hakoga]　테이블 위에 상자가

いません。　　テーブルの　　上に　　箱が

いません。　　テーブルの　　上に　　箱が

たくさん　　あります。　　青^{あお}いのも、

[takusaN arimasu.]　많이 있습니다.　　　[aoinomo,]　파란 것도

たくさん　　あります。　　青いのも、

たくさん　　あります。　　青いのも、

あか　　　　　　　　　　　しろ
赤いのも，　　　白いのも　　あります。

[akainomo, shiroinomo arimasu.]　빨간 것도 흰 것도 있습니다.

赤いのも，　　　白いのも　　あります。

赤いのも，　　　白いのも　　あります。

あお　　　はこ　　　おお　　　　　　　あか
青い　箱は　大きいです。赤いのと

[aoi hakowa o:ki:desu.]　파란 상자는 큽니다.　　　　[akainoto]　빨간 것과

青い　箱は　大きいです。赤いのと

青い　箱は　大きいです。赤いのと

しろ　　　　　　　おお
白いのは　　大きくは　ありません。

[shiroinowa o:kikuwa arimaseN.]　흰 것은 크지 않습니다.

白いのは　　大きくは　ありません。

白いのは　　大きくは　ありません。

とても　小さいです。　赤い　箱は

[totemo chi:saidesu.]　매우 작습니다.　[akai hakowa]　빨간 상자는

とても　小さいです。　赤い　箱は

とても　小さいです。　赤い　箱は

いくつ　ありますか。一一つ，二つ，

[ikutsu arimasuka?]　몇 개 있습니까?　-[hitotsu, futatsu,]　하나, 둘,

いくつ　ありますか。一一つ，二つ，

いくつ　ありますか。一一つ，二つ，

三つ，四つ，五つ，六つ，七つ，

[mittsu, yottsu, itsutsu, muttsu, nanatsu,]　셋, 넷, 다섯, 여섯, 일곱,

三つ，四つ，五つ，六つ，七つ，

三つ，四つ，五つ，六つ，七つ，

八つ，　九つ，　十，　十一，　- 十一

[yattsu, kokonotsu, toː, juːichi]　여덟, 아홉, 열, 열하나,　　　　　　　-[juːichi]　열하나

八つ，　九つ，　十，　十一，　- 十一

八つ，　九つ，　十，　十一，　- 十一

あります。　　白いのは　　　いくつ

[arimasu.]　있습니다.　　　　　[shiroinowa ikutsu]　흰 것은 몇 개

あります。　　白いのは　　　いくつ

あります。　　白いのは　　　いくつ

ありますか。- 一，　二，　三，　四，　五，

[arimasuka?]　있습니까?　　-[ichi, ni, saN, shi, go,]　일, 이, 삼, 사, 오,

ありますか。- 一，　二，　三，　四，　五，

ありますか。- 一，　二，　三，　四，　五，

六, 七, 八, 九, 十 - 十 あります。

[roku, shichi, hachi, kyu:, ju:]　육, 칠, 팔, 구, 십　　-[ju: arimasu.]　십(열) 있습니다.

六, 七, 八, 九, 十 - 十 あります。

六, 七, 八, 九, 十 - 十 あります。

赤い　箱と　白い　箱と　どっちが

[akai hakoto shiroi hakoto dotchiga]　빨간 상자와 흰 상자 중 어느 쪽이

赤い　箱と　白い　箱と　どっちが

赤い　箱と　白い　箱と　どっちが

多いですか。　-赤いのが　一つ

[o:idesuka?]　많습니까?　　-[akainoga hitotsu]　빨간 것이 하나

多いですか。　-赤いのが　一つ

多いですか。　-赤いのが　一つ

おお
多いです。　　　青いのは　　　いくつ

[oːidesu.]　많습니다.　　　[aoinowa ikutsu]　파란 것은 몇 개

多いです。　　　青いのは　　　いくつ

多いです。　　　青いのは　　　いくつ

ありますか。　　－青いのは　　一つしか

[arimasuka?]　있습니까?　　　－[aoinowa hitotsushika]　파란 것은 하나밖에

ありますか。　　－青いのは　　一つしか

ありますか。　　－青いのは　　一つしか

ありません。　ここは　　文房具屋です。

[arimaseN.]　없습니다.　　　[kokowa bumboːguyadesu.]　여기는 문방구점입니다.

ありません。　ここは　　文房具屋です。

ありません。　ここは　　文房具屋です。

この 　店には　 ノートや　 紙や

[kono miseniwa no:toya kamiya]　이 가게에는 공책이랑 종이랑

この　　　店には　　　ノートや　　　紙や

この　　　店には　　　ノートや　　　紙や

ボールペンなどが　 あります。　 この

[bo:rupennadoga arimasu.]　볼펜 등이 있습니다.　　　　　　　　[kono]　이

ボールペンなどが　　　あります。　　　この

ボールペンなどが　　　あります。　　　この

厚くて　　　 大きい　　 ノートは　　 一冊

[atsukute o:ki: no:towa issatsu]　두껍고 큰 공책은 한 권에

厚くて　　　大きい　　　ノートは　　　一冊

厚くて　　　大きい　　　ノートは　　　一冊

いくらですか。　－一冊　二百円です。

[ikuradesuka?]　얼마입니까?　　　　　－[issatsu nihyakuendesu.]　한 권에 200엔입니다.

いくらですか。　－一冊　二百円です。

いくらですか。　－一冊　二百円です。

高いですね。　－こちらの　薄いのは

[takaidesune.]　비싸군요.　　　　　－[kochirano usuinowa]　이쪽 얇은 것은

高いですね。　－こちらの　薄いのは

高いですね。　－こちらの　薄いのは

二冊で　二百円です。　それでは,

[nisatsude nihyakuendesu.]　두 권에 200엔입니다.　　　　　[soredewa,]　그러면,

二冊で　二百円です。　それでは,

二冊で　二百円です。　それでは,

厚いのを　一冊と　薄いのを　二冊

[atsuinoo issatsuto usuinoo nisatsu]　두꺼운 것 한 권과 얇은 것 두 권을

厚いのを　一冊と　薄いのを　二冊

厚いのを　一冊と　薄いのを　二冊

ください。　それから,　黒い

[kudasai.]　주십시오.　　　[sorekara, kuroi]　그리고, 검정

ください。　それから,　黒い

ください。　それから,　黒い

ボールペンを　ください。ボールペンは

[bo:rupeNo kudasai.]　볼펜을 주십시오.　　　[bo:rupeNwa]　볼펜은

ボールペンを　ください。ボールペンは

ボールペンを　ください。ボールペンは

いくらですか。　－そちらのは　**一本**（いっぽん）

[ikuradesuka?]　얼마입니까?　　　　－[sochiranowa ippoN]　그쪽 것은 한 자루에

いくらですか。　－そちらのは　一本

いくらですか。　－そちらのは　一本

六十円で，（ろくじゅうえん）　あちらのは　**一本**（いっぽん）

[rokujuːende, achiranowa ippoN]　60엔이고, 저쪽 것은 한 자루에

六十円で，　あちらのは　一本

六十円で，　あちらのは　一本

五十円です。（ごじゅうえん）　あちらのを　**二本**（にほん）

[gojuːendesu.]　50엔입니다.　　　　[achiranoo nihoN]　저쪽 것을 두 자루

五十円です。　あちらのを　二本

五十円です。　あちらのを　二本

ください。　ぜんぶで　いくらですか。

[kudasai.]　주십시오.　　　[zembude ikuradesuka?]　모두 합하면 얼마입니까?

ください。　ぜんぶで　いくらですか。

ください。　ぜんぶで　いくらですか。

－ぜんぶで　五百円です。　あなたは

－[zembude gohyakuendesu.]　모두 합해서 500엔입니다.　　　[anatawa]　당신은

－ぜんぶで　五百円です。　あなたは

－ぜんぶで　五百円です。　あなたは

毎日　何時に　学校へ　来ますか。

[mainichi nanzini gakko:e kimasuka?]　매일 몇 시에 학교에 옵니까?

毎日　何時に　学校へ　来ますか。

毎日　何時に　学校へ　来ますか。

−わたしは　　毎日　　八時に　　学校へ

−[watashiwa mainichi hachizini gakko:e]　　나는 매일 8시에 학교에

−わたしは　　毎日　　八時に　　学校へ

−わたしは　　毎日　　八時に　　学校へ

来ます。学校は 八時に はじまりますか。

[kimasu.]　옵니다.　　[gakko:wa hachizini hazimarimasuka?]　　학교는 8시에 시작합니까?

来ます。学校は 八時に はじまりますか。

来ます。学校は 八時に はじまりますか。

−いいえ，八時には　はじまりません。

−[i:e, hachiziniwa hazimarimaseN.]　아니오, 8시에는 시작하지 않습니다.

−いいえ，八時には　はじまりません。

−いいえ，八時には　はじまりません。

八時(はちじ)五十分(ごじっぷん)に はじまります。学校(がっこう)は

[hachizigozippunni hazimarimasu.]　8시 50분에 시작합니다.　　　　　[gakko:wa]　학교는

八時五十分に　はじまります。学校は

八時五十分に　はじまります。学校は

何時(なんじ)に おわりますか。 －月曜日(げつようび)と

[nanzini owarimasuka?]　몇 시에 끝납니까?　　　　　　　－[getsuyo:bito]　월요일과

何時に　おわりますか。　－月曜日と

何時に　おわりますか。　－月曜日と

火曜日(かようび)と 水曜日(すいようび)と 木曜日(もくようび)と

[kayo:bito suiyo:bito mokuyo:bito]　화요일과 수요일과 목요일과

火曜日と　水曜日と　木曜日と

火曜日と　水曜日と　木曜日と

きんようび
金曜日は　　四時すぎに　　おわります。

[kiNyo:biwa yozisugini owarimasu.]　금요일은 4시 넘어 끝납니다.

金曜日は　　四時すぎに　　おわります。

金曜日は　　四時すぎに　　おわります。

どようび
土曜日は　　一時に　　　おわります。

[doyo:biwa ichizini owarimasu.]　토요일은 1시에 끝납니다.

土曜日は　　一時に　　　おわります。

土曜日は　　一時に　　　おわります。

ひるやす
昼休みは　　何時から　　何時までですか。

[hiruyasumiwa nanzikara nanzimadedesuka?]　점심시간은 몇 시부터 몇 시까지입니까?

昼休みは　　何時から　　何時までですか。

昼休みは　　何時から　　何時までですか。

-昼休みは　　　　十二時四十分から

-[hiruyasumiwa juːniziyonzippuŋkara]　점심시간은 12시 40분부터

-昼休みは　　　　十二時四十分から

-昼休みは　　　　十二時四十分から

一時二十分までです。毎日, 何時ごろ

[ichizinizippummadedesu.]　1시 20분까지입니다.　[mainichi, nanzigoro]　매일, 몇 시쯤

一時二十分までです。毎日, 何時ごろ

一時二十分までです。毎日, 何時ごろ

うちへ　　帰りますか。　-毎日

[uchie kaerimasuka?]　집에 돌아갑니까?　-[mainichi]　매일

うちへ　　帰りますか。　-毎日

うちへ　　帰りますか。　-毎日

四<ruby>時<rt>じ</rt></ruby><ruby>半<rt>はん</rt></ruby>ごろ　うちへ　<ruby>帰<rt>かえ</rt></ruby>ります。<ruby>夜<rt>よる</rt></ruby>,

[yozihaŋgoro uchie kaerimasu.]　4시 반경 집에 돌아갑니다.　　　　　[yoru,]　밤에

四時半ごろ　うちへ　帰ります。夜,

四時半ごろ　うちへ　帰ります。夜,

どこかへ　<ruby>行<rt>い</rt></ruby>きますか。　-いいえ,

[dokokae ikimasuka?]　어딘가에 갑니까?　　　　　　　-[i:e,]　아니오,

どこかへ　行きますか。　-いいえ,

どこかへ　行きますか。　-いいえ,

どこへも　<ruby>行<rt>い</rt></ruby>きません。　うちに

[dokoemo ikimaseN.]　아무 데도 가지 않습니다.　　　　　　[uchini]　집에

どこへも　行きません。　うちに

どこへも　行きません。　うちに

います。　あなたは　朝, 何時ごろ

[imasu.]　있습니다.　　[anatawa asa, nanzigoro]　당신은 아침 몇 시경에

います。　あなたは　朝, 何時ごろ

います。　あなたは　朝, 何時ごろ

ご飯を　食べますか。　－わたしは　朝,

[gohaNo tabemasuka?]　밥을 먹습니까?　　－[watashiwa asa,]　나는 아침,

ご飯を　食べますか。　－わたしは　朝,

ご飯を　食べますか。　－わたしは　朝,

七時ごろ　ご飯を　食べます。　朝ご飯の

[shichizigoro gohaNo tabemasu.]　아침 일곱 시경에 밥을 먹습니다.　　[asagohanno]　아침 식사

七時ごろ　ご飯を　食べます。　朝ご飯の

七時ごろ　ご飯を　食べます。　朝ご飯の

前に　　　何を　　　しますか。　　　－顔を

[maeni nanio shimasuka?]　전에 무엇을 합니까?　　　　　　　　　　－[kaoo]　얼굴을

前に　　　何を　　　しますか。　　　－顔を

前に　　　何を　　　しますか。　　　－顔を

洗います。　それから，体操を　します。

[araimasu.]　씻습니다.　　　　[sorekara, taiso:o shimasu.]　그러고 나서 체조를 합니다.

洗います。　それから，体操を　します。

洗います。　それから，体操を　します。

あなたは　　　新聞を　　　読みますか。

[anatawa shimbuNo yomimasuka?]　당신은 신문을 읽습니까?

あなたは　　　新聞を　　　読みますか。

あなたは　　　新聞を　　　読みますか。

ー いいえ、　　　新聞は　　　読みません。

しん ぶん / よ

-[i:e, shimbuNwa yomimaseN.]　아니오, 신문은 읽지 않습니다.

ー いいえ、　　　新聞は　　　読みません。

ー いいえ、　　　新聞は　　　読みません。

晩ご飯の　　あと　ラジオを　聞きます。

ばん / はん / き

[baŋgohanno ato razioo kikimasu.]　저녁 식사 후에 라디오를 듣습니다.

晩ご飯の　　あと　ラジオを　聞きます。

晩ご飯の　　あと　ラジオを　聞きます。

テレビは　　見ませんか。　ーテレビは

み

[terebiwa mimaseŋka?]　텔레비전은 보지 않습니까?　　　-[terebiwa]　텔레비전은

テレビは　　見ませんか。　ーテレビは

テレビは　　見ませんか。　ーテレビは

あまり 見ませ^みん。 あなたは どこで

[amari mimaseN.]　그다지 보지 않습니다.　　　　　[anatawa dokode]　당신은 어디서

あまり 見ません。 あなたは どこで

あまり 見ません。 あなたは どこで

ピンポンを　　しますか。　－学校^{がっこう}の

[pimpoNo shimasuka?]　탁구를 칩니까?　　　　　－[gakko:no]　학교

ピンポンを　　しますか。　－学校の

ピンポンを　　しますか。　－学校の

体育館^{たい いく かん}で ピンポンを します。だれと

[taiikukande pimpoNo shimasu.]　체육관에서 탁구를 칩니다.　　　[dareto]　누구와

体育館で ピンポンを します。だれと

体育館で ピンポンを します。だれと

ピンポンを　しますか。　—友だちと

[pimpoNo shimasuka?]　탁구를 칩니까?　　　　　　　　　　—[tomodachito]　친구와

ピンポンを　しますか。　—友だちと

ピンポンを　しますか。　—友だちと

ピンポンを　します。　きょうは

[pimpoNo shimasu.]　탁구를 칩니다.　　　　　　　　　　[kyo:wa]　오늘은

ピンポンを　します。　きょうは

ピンポンを　します。　きょうは

六月八日です。　きょうは　いい

[rokugatsuyo:kadesu.]　6월 8일입니다.　　　　　　　　[kyo:wa i:]　오늘은 좋은

六月八日です。　きょうは　いい

六月八日です。　きょうは　いい

天気です。きのうは 何月何日でしたか。

[teŋkidesu.]　날씨입니다.　　[kinowa naŋgatsu nannichideshitaka?]　어제는 몇 월 며칠이었습니까?

天気です。きのうは 何月何日でしたか。

天気です。きのうは 何月何日でしたか。

－きのうは 六月七日でした。きのうは

－[kino:wa rokugatsu nanokadeshita.]　어제는 6월 7일이었습니다.　　[kino:wa]　어제는

－きのうは 六月七日でした。きのうは

－きのうは 六月七日でした。きのうは

いい　　　天気でしたか。　　－いいえ,

[i: teŋkideshitaka?]　좋은 날씨였습니까?　　　　　　　－[i:e,]　아니오,

いい　　　天気でしたか。　　－いいえ,

いい　　　天気でしたか。　　－いいえ,

きのうは　　　いい　　　天気では

[kino:wa i: teŋkidewa]　어제는 좋은 날씨가

きのうは　　　いい　　　天気では

きのうは　　　いい　　　天気では

ありませんでした。　雨が　降りました。

[arimasendeshita.]　아니었습니다.　　　　[amega furimashita.]　비가 왔습니다.

ありませんでした。　雨が　降りました。

ありませんでした。　雨が　降りました。

風も　　　吹きました。　　おとといは

[kazemo fukimashita.]　바람도 불었습니다.　　　　[ototoiwa]　그제는

風も　　　吹きました。　　おとといは

風も　　　吹きました。　　おとといは

どうでしたか。－おとといは　くもりで

どうでしたか。－おとといは　くもりで

どうでしたか。－おとといは　くもりで

した。でも，風は　吹きませんでした。

した。でも，風は　吹きませんでした。

した。でも，風は　吹きませんでした。

あしたは　どうでしょうか。

あしたは　どうでしょうか。

あしたは　どうでしょうか。

山は きらいでは ありませんが、好きでも ありません。

好きです。あなたは 山は きらいですか。 －いいえ、

あなたは 海が 好きですか。 －はい、わたしは 海が

당신은 바다를 좋아합니까? －네, 나는 바다를 좋아합니다. 당신은 산은 싫어합니까? －아니오, 산은 싫어하지 않습니다만, 좋아하지도 않습니다.

きれいな　海が　少なく　なりましたね。 ーそうですね。

静かで　きれいな　夏の　海が　好きです。 でも、最近は

あなたは　夏の　海が　好きですか。 ーはい、わたしは

당신은 여름 바다를 좋아합니까? -네, 조용하고 깨끗한 여름 바다를 좋아합니다.
하지만, 요즈음은 깨끗한 바다가 적어졌지요. -그래요.

ところで、あなたは 海が 好きですか。 ー海は 好きでも

きれいに なるでしょうか。 ー難しい 問題ですね。

南の 海も 昔ほど きれいでは ありません。 ふたたび

남쪽 바다도 옛날만큼 깨끗하지 않습니다. 다시 깨끗해질까요?
ー어려운 문제군요. 그런데 당신은 바다를 좋아하십니까? ー바다는 좋아하지도

乗りますか。 －ええ、そうです。 二十三番の バスです。

－あの 銀行の 前です。 鍾路へ 行く バスも あそこで

きらいでも ありません。 バスの 停留所は どこですか。

싫어하지도 않습니다. 버스 정류장은 어디입니까? -저 은행 앞입니다.
종로로 가는 버스도 저곳에서 탑니까? -네, 그렇습니다. 23번 버스입니다.

문장 세로쓰기 115

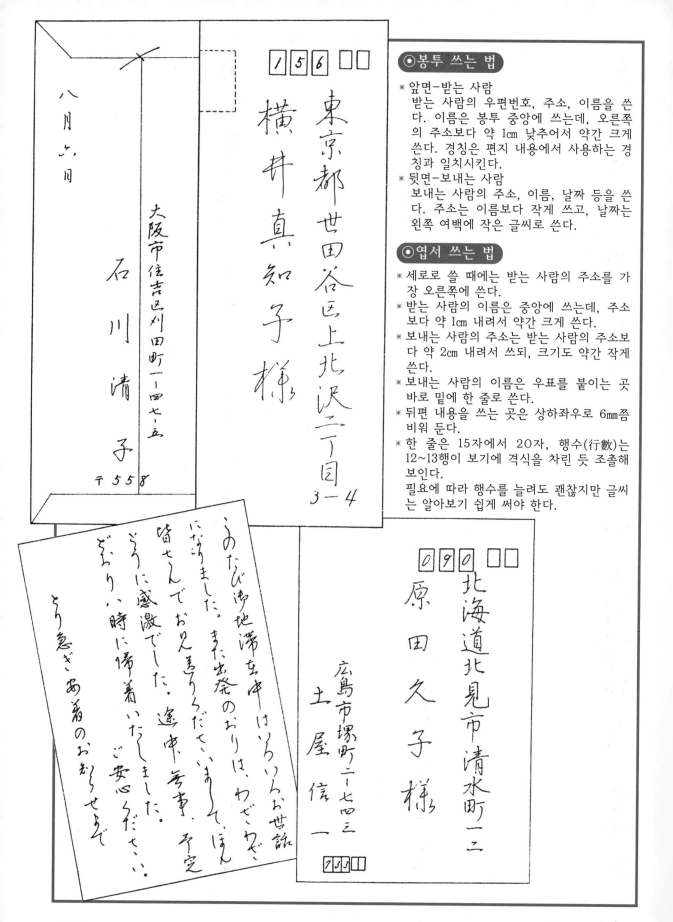

◉봉투 쓰는 법

* 앞면-받는 사람
  받는 사람의 우편번호, 주소, 이름을 쓴다. 이름은 봉투 중앙에 쓰는데, 오른쪽의 주소보다 약 1cm 낮추어서 약간 크게 쓴다. 경칭은 편지 내용에서 사용하는 경칭과 일치시킨다.
* 뒷면-보내는 사람
  보내는 사람의 주소, 이름, 날짜 등을 쓴다. 주소는 이름보다 작게 쓰고, 날짜는 왼쪽 여백에 작은 글씨로 쓴다.

◉엽서 쓰는 법

* 세로로 쓸 때에는 받는 사람의 주소를 가장 오른쪽에 쓴다.
* 받는 사람의 이름은 중앙에 쓰는데, 주소보다 약 1cm 내려서 약간 크게 쓴다.
* 보내는 사람의 주소는 받는 사람의 주소보다 약 2cm 내려서 쓰되, 크기도 약간 작게 쓴다.
* 보내는 사람의 이름은 우표를 붙이는 곳 바로 밑에 한 줄로 쓴다.
* 뒤편 내용을 쓰는 곳은 상하좌우로 6mm쯤 비워 둔다.
* 한 줄은 15자에서 20자, 행수(行數)는 12~13행이 보기에 격식을 차린 듯 조촐해 보인다.
  필요에 따라 행수를 늘려도 괜찮지만 글씨는 알아보기 쉽게 써야 한다.

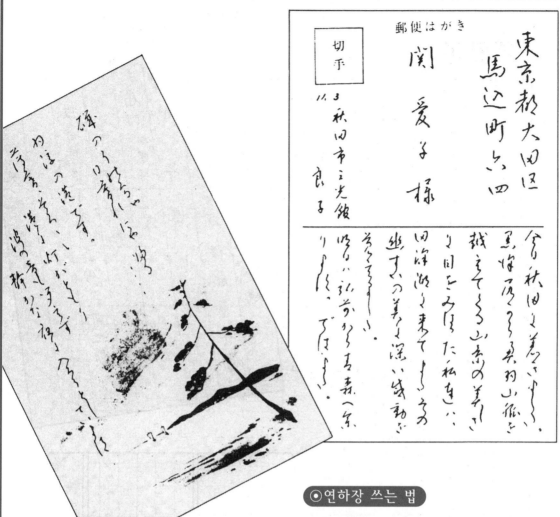

郵便はがき

切手

◉그림엽서 쓰는 법

* 그림엽서는 앞면 윗부분에 보내는 사람의
  주소와 받는 사람의 주소를 쓰는 경우가
  많다. 받는 사람의 주소는 두 줄 또는 석
  줄로 쓰되 알기 쉽게 써야 한다.
* 아랫부분의 본문은 10행 정도로 쓰되 내용
  을 깔끔하게 간추려야 한다.

◉그림엽서의 흥취

* 여행의 풍정(風情)이나 그 지방의 풍물(風
  物)을 본 대로 생각나는 대로 격식에 얽매
  이지 않고 쓰는 것이 그림엽서가 돋우는
  흥취이다.
* 인쇄된 그림엽서도 좋지만 스스로 그림을
  그리거나 시 따위를 적으면 더욱 정감이
  넘친다.

◉연하장 쓰는 법

* 일본에서는 엽서를 이용한 연하장을 많이
  보낸다.
* 엽서의 앞면에는 새해를 축하하고, 지난해
  에 대한 감사를 전하며, 상대방의 행복을
  기원하고 향후 변함없는 지도와 편달을 바
  라는 내용을 담는다. 끝에 날짜를 적는다.
* 엽서의 뒷면에는 받는 사람의 주소를 가장
  오른쪽에 쓰고, 받는 사람의 이름은 중앙
  에 크게 쓴다. 보내는 사람의 이름과 주소
  는 왼쪽에 약간 작게 쓴다.
* 관제 연하엽서에는 이미 인쇄되어 있지만
  보통 연하엽서를 이용하는 경우에는 반드
  시 우표를 붙인 아랫부분에 빨간 글씨로
  '年賀'라고 표시한다. 그러지 않으면 보통
  우편으로 취급되어 1월 1일 이전에 도착하
  는 경우도 있다.

履歴書

年　　　月　　　日現在

ふりがな	きた はら こう へい		写真を貼る位置
氏　名	北原公平		

写真を貼る位置

1. 縦 36~40㎜
　横 24~30㎜
2. 本人単身胸から上
3. 裏面に氏名記入

生年月日	明治・大正・㊡和・平成　37 年　9 月　7 日生　（満 18 歳）	※　㊚・女

携帯電話番號	－　　　－	E-MAIL	

ふりがな	とうきょうとぶんきょうくほんごうさくちょうめ	電話（ 03 ） 813 － 6925
現住所	東京都文京区本郷三丁目4番13号	FAX（　　　） －

ふりがな		電話（　　　） －
連絡先	（現住所以外に連絡を希望する場合のみ記入）	FAX（　　　） －

↖ 현주소 이외의 곳에 연락을 바라는 경우에만 기입.

年	月	学歴・職歴（各項目ごとにまとめて書く）　←各 항목별로 정리하여 쓴다.
		学　　歴
昭和50	3	東京都文京区立湯島小学校卒業
50	4	東京都文京区立文京第四中学校入学
53	3	同　校　卒　業
53	4	東京都立小石川高等学校入学
56	3	同　校　卒　業
		職　　歴
56	4	日本鉄鋼株式会社入社営業課勤務
		以　上

記入上の注意　1：鉛筆以外の黒または青の筆記具で記入。　2：数字はアラビア数字で、
文字はくずさず正確に書く。　3：※印のところは、該当するものを〇で囲む。

기입시 주의사항　1：연필 이외의 검은색 또는 파란색 필기도구로 기입한다.
2：숫자는 아라비아 숫자로 쓰고, 글자는 또박또박 정확하게 쓴다.
3：※표 부분은 해당되는 것에 ○한다.

年	月	免許・資格
昭和55	12	文部省認定硬筆書写技能検定2級合格

通勤時間　約　　時間　　分	扶養家族数		配偶者	配偶者の扶養義務
最寄り駅　　　線　　　駅	(配偶者を除く)　　　人		有　・　無	有　・　無

特技・趣味・得意科目等

ピアノ

志望の動機

本人希望記入欄 (特に給料・職種・勤務時間・勤務地・その他について希望などがあれば記入)

특히 급료・직종・근무 시간・근무지 등등 희망 사항이 있을 경우 기입.

保護者 (本人が未成年者の場合のみ記入)		電話 (　　　　)
ふりがな　　　　　본인이 미성년자인 경우에만 기입.		ー
氏　名	住　所	FAX (　　　　)
		ー

◉일본의 행정 구역

일본의 행정 구역은 1도(都) 1도(道) 2부(府) 43현(県)으로 이루어져 있다.

1都 と 도
東京 とうきょう 도쿄

1道 ど 도
北海道 ほっかいどう 홋카이도

2府 ふ 부
大阪 おおさか 오사카
京都 きょうと 교토

43県 けん 현

愛知 あいち 아이치	鳥取 とっとり 돗토리
青森 あおもり 아오모리	富山 とやま 도야마
秋田 あきた 아키타	長崎 ながさき 나가사키
石川 いしかわ 이시카와	長野 ながの 나가노
茨城 いばらき 이바라키	奈良 なら 나라
岩手 いわて 이와테	新潟 にいがた 니가타
愛媛 えひめ 에히메	兵庫 ひょうご 효고
大分 おおいた 오이타	広島 ひろしま 히로시마
岡山 おかやま 오카야마	福井 ふくい 후쿠이
沖縄 おきなわ 오키나와	福岡 ふくおか 후쿠오카
香川 かがわ 가가와	福島 ふくしま 후쿠시마
鹿児島 かごしま 가고시마	三重 みえ 미에
神奈川 かながわ 가나가와	宮城 みやぎ 미야기
岐阜 ぎふ 기후	宮崎 みやざき 미야자키
熊本 くまもと 구마모토	山形 やまがた 야마가타
群馬 ぐんま 군마	山口 やまぐち 야마구치
高知 こうち 고치	山梨 やまなし 야마나시
埼玉 さいたま 사이타마	和歌山 わかやま 와카야마
佐賀 さが 사가	
滋賀 しが 시가	
静岡 しずおか 시즈오카	
島根 しまね 시마네	
千葉 ちば 지바	
徳島 とくしま 도쿠시마	
栃木 とちぎ 도치기